바른믿음 다른믿음

바른믿음 다른믿음

지은이 백동조
펴낸이 백동조
펴낸곳 행복나눔

초판 발행 2013년 11월 5일
9판 1쇄 발행 2019년 11월 6일

출판신고 2011년 2월1일 제480-2011-000004호
우)58686 전라남도 목포시 복산길6번길 7 (옥암동)

인쇄 HEP

ISBN 978-89-966352-8-4 03230

가격은 표지 뒤에 있습니다.
잘못 만들어진 책은 바꾸어 드립니다.

이 책은 저작권법의 보호를 받는 저작물이므로
무단전재 및 무단복제를 금합니다.

바른믿음 다른믿음

백동조 지음

추천의 글 · 6
머리말 · 10

1부 바른 복음 다른 복음

1. 바른 복음 · 15
2. 다른 복음 · 31

2부 바른 믿음 다른 믿음

1. 진품인가? 짝퉁인가? · 43
2. 유사품에 속은 사람들 · 53
3. 떠남 · 67
4. 주인 바꿈(1) · 75
5. 주인 바꿈(2) · 97
6. 전적인 의탁 · 107
7. 따름(1) · 121
8. 따름(2) · 131
9. 따름(3) · 143
10. 드림 · 153
11. 예수 안에 거하는 삶 · 167
12. 믿음의 종합세트 · 179

3부 믿음 안에서 누릴 보물들

1. 승리 · 189
2. 행복 · 203
3. 영향력 · 219
4. 능력 · 227
5. 아름다운 인격 · 241
6. 은혜 위에 은혜 · 257
7. 눈부신 미래 · 277

4부 보물 담을 그릇을 키워라

1. 연약한 믿음 · 291
2. 충만한 믿음 · 297
3. 예수님과 함께 사는 삶을 즐겨라 · 305

추천의 글

강준민 (L.A.새생명비전교회 담임목사)

백동조 목사님은 복음을 알고, 복음을 누리며, 복음을 전하는 행복한 목회자입니다. 백목사님의 행복 목회의 뿌리는 '오직 예수! 오직 십자가! 오직 믿음!'에 있습니다. 하나님의 행복은 하나님의 자녀의 행복에 있습니다. 하나님의 자녀의 행복은 하나님이 선물로 주신 복음을 알고 누리는 데 있습니다. 그 누림의 근본은 참된 믿음입니다. 누림이 중요한 까닭은 누림을 통해 복음을 맛보아 안 사람만이 복음을 나눌 수 있기 때문입니다.

백목사님께서 이번에 쓰신 「바른 믿음 다른 믿음」은 성도의 영적 상태를 점검하도록 도와주는 소중한 책입니다. 바른 믿음은 바른 복음을 믿는 것이며, 바른 복음은 '오직 예수! 오직 십자가! 오직 믿음!'에 있음을 강조합니다. 잘못된 기복주의와 혼합주의가 성행하는 이 시대에 저자는 성도들을 바른 믿음, 바른 복음으로 이끌기 위해 이 책을 썼습니다. 이 책에는 저자의 조국교회와 이민교회를 위한 거룩한 사랑과 뜨거운 열정 그리고 성스러운 눈물이 담겨 있습니다.

율법이 병을 진단하는 엑스레이라면 복음은 병을 치료하는 천상의 약이요, 예수님의 해결책입니다. 엑스레이를 많이 찍는다고 병이 낫지 않습니다. 엑스레이를 통해 병을 진단한 다음에는 적합한 약이나 수술을 통해 병을 치유해야 합니다. 이 책은 엑스레이처럼 잘못된 신앙을 진단해 줄 뿐만 아니라 잘못된 신앙을 치유하도록 도와줍니다. 율법이 할 수 없는 것을 복음이 할 수 있는 것처럼, 이 책은 잘못된 믿음을 정확하게 진단해 줄 뿐만 아니라 참된 믿음에 이르도록 도와주는 책입니다.

저자는 이 책에서 바른 믿음이 어떤 믿음인가를 하나님의 말씀을 통해 제시해 줍니다. 마태복음 16장 24절과 갈라디아서 2장 20절을 통해 성도들에게 믿음의 종합세트를 선물해 주는 이 책은 진주와 같은 책입니다. 바른 믿음이 얼마나 부요하며, 바른 믿음 안에 담긴 무한한 복을 누리도록 도와주는 이 책은 믿음의 길라잡이입니다.

저자는 죽음의 문턱에 다녀왔으며, 고난을 아는 분입니다. 개척자의 외로움을 아는 분입니다. 지금도 연약한 중에 충만한 목회를 하는 분입니다. 그래서 이 책은 우리 심령 깊은 곳을 어루만져 치유해 줍니다. 깊은 회개를 통해 깊은 기쁨에 이르도록 도와줍니다. 이 책을 그리스도 안에서 바른 믿음을 갖기 원하는 분들에게 추천합니다. 바른 믿음과 다른 믿음의 차이를 알고, 바른 믿음을 가르치기를 원하는 사역자들에게 추천합니다. 하나님께서 이 책을 조국교회와 이민교회를 건강하게 세우는 데 사용해 주시길 기도드립니다.

김길성 (조직신학 전공, 총신대학교 총장 대행)

　학자가 보아도 놀라운 신학적 통찰력을 가지고 믿음의 개념을 반듯하게 정리한 책이기에 기쁜 마음으로 추천한다.
　백동조 목사님의 글에는 눈물이 있다. 백 목사님의 다른 책에도 자신을 담담히 속임 없이 표현하는 힘이 있다고 느껴왔지만, 특히 이 책 속에 담긴 "어머니와 나"에 이르면 눈물 없이는 책을 읽을 수 없다. 그의 글에는 이전 힘든 시절을 지낸 우리네 옆집 아저씨 같은 진솔함이 배어 있다.
　저자는 바른 복음과 다른 복음을 이렇게 명쾌하게 구분한다. 그는 "바른 복음은 오직 예수, 오직 십자가, 오직 믿음뿐"이라고 말하고, "여기에서 벗어난 것은 다른 복음"이라고 힘주어 말한다. 또한 다른 믿음과 구별하여 바른 믿음을 말하고, 바른 복음에 응답하는 바른 믿음의 특징으로 떠남, 주인 바꿈, 전적인 의탁, 따름, 드림, 예수 안에 거하는 삶을 차례대로 힘주어 주장하고 있다.
　오랜 목회의 경험과 함께 개혁신학에 기초한 백 목사님의 성경 이해와 이야기를 풀어가는 재미에 독자 여러분들은 즐겁게 자기를 맡기는 시간이 될 것이라고 생각해도 좋을 것이다. 성삼위 하나님의 은혜와 긍휼과 평강이 이 글을 읽는 독자들 위에 함께 하시기를 간절히 기원한다.

이한수 (신약학전공 총신대학교 한국복음주의신약학회 회장)

    우리들 주변에는 믿음에 대해서 깊이 생각도 해보지 않고 믿음에 대해 너무도 쉽게 취급하는 경향이 있는 것 같다. 그럼에도 불구하고 오직 믿음으로 구원을 받는다. 이런 측면에서 봤을 때 믿음은 매우 중요한 개념을 담고 있는 것이다.

    너무 흔하게 회자되는 믿음에 관해서 신학적 깊은 성찰의 눈과 목회자의 따뜻한 마음으로 누가 읽더라도 믿음의 개념을 이해하는데 큰 도움이 되는 책을 저술하셨다. 신학자의 눈으로 봐도 이 책은 입이 떡 벌어질 정도로 믿음에 관하여 가장 잘 설명되어진 책이다. 구약 성경이 말하는 믿음과 복음서와 바울서신이 말하는 믿음, 그리고 야고보서와 히브리서가 말하는 믿음의 개념을 탁월하게 소개하고 있다.

    진품 믿음과 짝퉁 믿음을 구분하지 못하고 살아가는 한국교회에 참 믿음의 본질을 회복하는데 큰 도움이 되리라 확신한다. 아무쪼록 이 책이 한국교회 성도들과 목회자들의 눈과 귀를 열어줌으로 행복과 눈부신 미래를 열어주는 촉매제가 되기를 바라마지 않는다.

머리말

한국교회는 바른 복음과 다른 복음에 대해서는 구분하는 눈을 가지고 있는 것 같다. 그러나 바른 믿음과 다른 믿음에 대해서는 구분하는 눈을 가지고 있지 못함을 느낀다.

복음 안에 행복이 있다. 복음 안에 눈부신 미래가 있다. 그런데 대부분의 그리스도인들이 복음 안에 행복을 누리지 못하며 복음 안에 눈부신 미래를 누리지 못하고 있는 것 같아서 매우 안타까웠다.

대부분의 사람들은 믿음을 천지를 창조하신 하나님을 지적으로 알고 정적으로 확신하는 것으로, 죄인을 구속하시기 위해 하나밖에 없는 독생자를 주신 하나님을 지적으로 알고 정적으로 확신하는 것으로, 죄인을 구속하기 위해 십자가를 지신 예수님을 지적으로 알고 정적으로 확신하는 것으로 이해하고 있는 것 같다.

그런데 솔직하게 생각해 보라. 과연 아는 믿음으로 구원받을 수 있는가? 정적인 확신으로 구원받을 수 있는가? 과연 예수님이 말씀하신 믿음이 그런 믿음인가?

오늘날 믿는 자들 가운데 변화, 성숙, 복음 안에서 행복을 누리고 눈부신 미래를 경험하는 열매들이 드러나고 있는가?

만약 이런 열매들이 없다면 무엇이 문제일까? 복음일까? 아니면 믿음일까?

오늘날 한국교회를 보면 진품 믿음을 붙들고 살기보다 짝퉁을 진품으로 알고 그것을 붙들고 사는 자들이 너무 많은 것 같다. 이런 자들은 유사품에 속은 자들이다. 믿는 척하는 종교인인 것이다. 그렇기 때문에 교회 안에는 좋은 곡식보다 가라지들이 우글거리고 있는 것처럼 보이는 것이다. 알곡보다는 쭉정이들이 우글거리고 있는 것처럼 보이는 것이다.

지금 한국교회가 떠야 하는 눈이 있다면 바른 믿음과 다른 믿음을 구분하는 눈이라는 생각이 절실하게 들었다. 비록 부족한 수준의 지식을 가지고 있지만 내가 알고 믿는 바른 믿음을 전해주고 싶은 강한 열정이 펄을 들지 않으면 안 되도록 나를 이끌었다.

바른 믿음과 다른 믿음이라는 글을 쓰면서 내게 맡겨준 사랑의 가족들과 아들 두산이와 딸 지현이가 유사품 믿음에 속아 주님 앞에서 퇴출당해서는 안 된다는 강한 마음과 바른 믿음으로 행복을 누리고 눈부신 미래를 경험했으면 좋겠다는 불타는 마음으로 자판을 두드렸다.

이 책을 나의 주인이 되신 예수님의 손에 올려드린다. 이러한 책을 쓸 수 있도록 철부지한 나를 지도해 주시고 가르쳐 주신 스승님들과 나를 위해 늘 기도해 주며 예수님을 따라 마음껏 사역할 수 있도록 배려해 주신 사랑의 가족들과 원고 정리에 헌신해 준 동역자들과 묵묵히 격려해 준 아내에게 머리 숙여 고마운 마음을 전한다.

Part 1

바른 복음 다른 복음

다른 복음이란?
구약 성경이 말하는 복음과 다르고,
예수님이 말하는 복음과 다르고,
사도들이 말하는 복음과 다른 것이
바로 다른 복음이다.

Right Faith Different Faiths

Chapter 1

창세기에서 요한계시록까지 말씀하신 바른 복음을 살펴보면
다른 복음의 정체가 드러난다.
성경이 말하는 바른 복음은 오직 은혜, 오직 예수, 오직 믿음이다.

chapter 1
바른 복음

바른 복음은
오직 은혜, 오직 예수, 오직 믿음이다.
예수님의 교훈이 우리를 구원하는 것이 아니다.
십자가 사건이 우리를 구원한다.

사도들이 전한 바르고 참된 복음으로 세워진 교회에 거짓 선지자들과 거짓 교사들이 들어와 왜곡되고 변질된 복음을 전했다. 다른 복음을 듣고 혼란에 빠진 고린도교회를 향해 바울은 이렇게 말씀하신다.

"만일 누가 가서 우리가 전파하지 아니한 **다른 예수**를 전파하거나 혹은 너희가 받지 아니한 다른 영을 받게 하거나 혹은 너희가 받지 아니한 **다른 복음**을 받게 할 때에는 너희가 잘 용납하는구나"(고후 11:4)

그리고 다른 복음에 미혹된 갈라디아교회를 향해 이렇게 말씀하신다.

> "그리스도의 은혜로 너희를 부르신 이를 이같이 속히 떠나 **다른 복음**을 따르는 것을 내가 이상하게 여기노라 **다른 복음**은 없나니 다만 어떤 사람들이 너희를 교란하여 그리스도의 복음을 변하게 하려 함이라 그러나 우리나 혹은 하늘로부터 온 천사라도 우리가 너희에게 전한 복음 외에 **다른 복음**을 전하면 저주를 받을지어다 우리가 전에 말하였거니와 내가 지금 다시 말하노니 만일 누구든지 너희가 받은 것 외에 **다른 복음**을 전하면 저주를 받을지어다"(갈 1:6-9)

고린도교회와 갈라디아교회에만 다른 복음이 들어 왔을까? 아니다. 지금의 교회도 예외일 수 없다. 사탄은 언제나 다른 복음을 가지고 무수한 영혼을 속이고 있기 때문이다.

도대체 다른 복음이 무엇인가?

다른 복음이란 구약 성경이 말하는 복음과 다르고, 예수님이 말씀하신 복음과 다르고, 사도들이 전한 복음과 다른 복음이다.

창세기에서 요한계시록까지 말씀하신 바른 복음을 바로 이해하면 다른 복음의 정체가 드러날 것이다. 신구약 66권이 말하고 있는 바른 복음이 무엇일까?

오직 은혜!

인류의 시조 아담을 비롯해서 모든 인류는 사탄에게 속아 죄의 종이 되었고, 죄 덩어리가 되었고, 죄의 깊은 바다에 빠졌다. 이런 존재가 자기 스스로 빠져나올 수 있을까? 죄와 저주 아래 사탄의 사슬에 묶여 영원한 지옥 불구덩이 속으로 압송되어 가는 존재가 자기 스스로 그 억압에서 빠져나올 수 있겠는가?

예를 들어 경비행기를 타고 태평양 바다 위를 비행하던 사람이 그만 실수로 바다에 빠졌다고 가정해 보라. 바다에 빠져 바닷물을 많이 마셨을 것이다. 익사되지 않으려고 몸부림치다가 힘은 빠지고 기진맥진해졌을 것이다. 체온은 점점 내려가 숨쉬기조차 어려웠을 것이다. 이런 상황에서 스스로 그 넓은 바다에서 살아날 수 있겠는가? 그것은 절대 불가능하다. 이 사람을 구조하기 위해서는 누군가가 다가가서 생명줄을 내어 밀어야 가능하다. 이것이 바로 은혜의 개념이다.

선악을 알게 하는 나무의 실과를 먹지 말라는 하나님의 말씀을 거부함으로 하나님을 향하여 등을 돌리고, 선악을 알게 하는 나무의 실과를 먹으면 하나님처럼 된다는 마귀의 말을 받아들임으로 아담과 그 후손들은 마귀의 노예가 되었다. 그리고 죄와 저주의 늪 속에 빠졌다. 고통과 괴로움 속에 불행의 나날들을 보내고 있었다. 죄와 저주, 그리고 마귀의 노예에서 스스로 풀려날 길이 없을 때 하나님은 자신을 등진 인류를 찾아오셨다. 그리고 여인의 후손으로 보내실 메시아를 통해 구원의 길을 열어 놓으셨다. 이것이 바로 은혜의 개념이다. 인간 스스로 불가능한 상황에 빠져 있을 때 사랑으로 다가와 구원의 손을 내미시는 하나님의 손길이 은혜이다. 이 은혜가 아니면 구원은 불가능하다.

사람의 죄악이 세상에 가득함과 그들의 마음으로 생각하는 모든 계획이 항상 악할 뿐임을 보시고 하나님은 땅 위에 사람 지으셨음을 한탄하시며 이렇게 말씀하셨다.

"이르시되 내가 창조한 사람을 내가 지면에서 쓸어버리되 사람으로부터 가축과 기는 것과 공중의 새까지 그리하리니 이는 내가 그것들을 지었음을 한탄함이니라 하시니라 그러나 노아는 여호와께 은혜를 입었더라"(창 6:7-8)

노아와 그 가족들이 홍수심판 가운데서 유일하게 구원받은 이유를 성경은 무엇이라고 말하는가? "그러나 노아는 은혜를 입었더라." 바로 은혜였다. 노아와 그 가족이 구원받은 사실에 대하여 성경은 오직 은혜였다고 말한다.

믿음의 조상 아브라함의 경우도 마찬가지이다. 아브라함이 하나님을 찾아가는가? 하나님이 아브라함을 찾아오시는가? 창세기 12장 1절을 보라.

"여호와께서 아브람에게 이르시되 너는 너의 고향과 친척과 아버지의 집을 떠나 내가 네게 보여 줄 땅으로 가라"

"여호와께서 아브람에게 이르시되"라는 말은 누가 누구를 먼저 찾아간 것인가? 여호와 하나님이 아브라함을 먼저 찾아오셨다는 말이다. 이것이 바로 은혜이다. 아브라함이 스스로 하나님을 찾아가기란 불가능하다. 하나님이 아브라함을 찾아오실 때만 아브라함의 구원이 가능해진다. 구원은 오직 은혜로만 가능한 것이다.

하나님께서 우리를 은혜로 구원하시는 모습은 이스라엘 백성들의 출애굽 역사를 통해서 자세하게 드러난다. 이스라엘 백성들이 애굽의 노예가 되어 큰 고통 속에 있을 때, 그들 스스로의 힘으로 그 고통에서 벗어날 수 없을 때, 하나님은 모세에게 이렇게 말씀하신다.

"여호와께서 이르시되 내가 애굽에 있는 내 백성의 고통을 분명히 보고 그들이 그들의 감독자로 말미암아 부르짖음을 듣고 그 근심을 알고 내가 내려가서 그들을 애굽인의 손에서 건져내고 그들을 그 땅에서 인도하여 아름답고 광대한 땅, 젖과 꿀이 흐르는 땅 곧 가나안 족속, 헷 족속, 아모리 족속, 브리스 족속, 히위 족속, 여부스 족속의 지방에 데려가려 하노라"(출 3:7-8)

하나님은 그들 스스로의 힘으로 구원받으라고 하지 않으셨다. 도덕과 윤리적 행동으로 구원받으라고 하지 않으셨다. 종교적인 정성과 열심으로 구원받으라고 하지 않으셨다. 마음을 닦는 철학으로 구원받으라고 하지 않으셨다. "내가 내려가서 그들을 애굽인의 손에서 건져내고…"이다. 구원을 얻을 만한 아무 근거도 없지만 내가 가서 건져내겠다는 것이다. 내가 내려가서 그들을 애굽인의 손에서 건져내겠다는 말이다. "너희를 사랑하는 내가 더 이상 너희의 고통을 볼 수 없어 너를 구원할 계획을 세웠다. 내가 희생해서, 내가 노력해서, 내가 친히 너희를 구원할 것이다." 이것이 은혜의 개념이다. 구원은 은혜가 아니면 불가능하기 때문이다.

성경 66권이 보여주고 계신 하나님은 스스로 구원을 받으라고 뒷짐지고 계시는 분이 아니라 친히 구원의 계획을 세우시고, 구원을 성취하시고, 구원을 완성해 가시는 분이다. 사실 우리들은 구원을 받기에 합당치 않은 자들이다. 구원이라는 은총으로 초대받기에 아무 조건도 갖출 수 없는 존재들이다. 오직 값없이 주시는 삼위일체 하나님의 사랑과 은혜로만 우리 모두의 구원이 가능하다. 이것이 성경이 외치고 있는 복음이다. 오직 은혜! 오직 은혜! 오직 은혜!

하나님의 은혜가 아니면 우리는 하나님 앞에 설 수 없다. 하나님의 은혜가 아니면 죄사함을 받을 길이 없다. 하나님의 은혜가 아니면 사탄의 결박에서 빠져 나올 수 없다. 하나님의 은혜가 아니고서는 하나님의 나라에 들어갈 수도 없고, 누릴 수도 없다. 우리의 구원에 대해 성경은 이렇게 말한다.

"너희는 그 은혜에 의하여 믿음으로 말미암아 구원을 받았으니 이것은 너희에게서 난 것이 아니요 하나님의 선물이라"(엡 2:8)

오직 예수!

오직 은혜는 오직 예수 그리스도를 통해 우리에게 다가온다.

죄와 저주에 빠진 인류를 다시 하나님의 임재 속으로, 하나님의 나라로 이끌어가기 위해 하나님은 창세기 3장에서 여인의 후

손을 약속하셨다. 여인의 후손을 보내기 위해 창세기 12장부터 아브라함을 선택하시고 이스라엘 공동체를 세우시고 이끌어 가셨다. 이것이 바로 구약의 역사이다. 구약 역사의 중심은 예수 그리스도요, 주제도 예수 그리스도였다.

예수 그리스도의 가르침과 그 분의 행하신 일을 가리켜 복음이라고 한다. 예수님의 행하시는 일은 성육신으로부터 시작된다. 때가 이르매 하나님의 외아들 예수 그리스도께서 여인의 후손으로 이 땅에 오셨다. 하나님이신 예수님은 죄와 저주를 속량하시기 위해 혈과 육을 입고 오셨다. 우리의 죄 값을 속량하시기 위해 십자가를 지셨다. 그리고 부활하시고 승천하신 후 보혜사 성령님을 보내어 주셨다. 예수님은 성령님과 함께 오셔서 구원할 자들의 심령을 두드리고 계신다. 심령의 문을 열고 예수 그리스도를 구원자와 주인으로 영접한 자들과 함께 거주하시며 하나님의 나라를 누리게 하신다. 이와 같이 예수 그리스도의 사역은 성육신으로부터 출발하여 하나님의 나라를 누리게 하시는 데까지를 말한다.

바른 복음은 오직 은혜이다. 그리고 그 은혜는 오직 예수 그리스도를 통해 우리에게 전달된다. 예수 그리스도의 행하신 일들을 세밀히 들여다보자.

성육신

성육신이란 영이신 하나님이 인간의 육신을 입고 이 땅에 오신 사건이나. 하나님이 BC(Before Christ/예수 그리스도 이전)와 AD(라틴어 Anno Domini/예수 그리스도의 세계)를 가르고 이 땅에 오신 사건이 성육신 사건이다. 사도 요한의 생생한 증언을 자세히 살펴보라.

"말씀이 육신이 되어 우리 가운데 거하시매 우리가 그의 영광을 보니 아버지의 독생자의 영광이요 은혜와 진리가 충만하더라"(요1:14)

하나님이 육신을 입으신 이유가 무엇일까? 예수 그리스도께서 친히 나무에 달려 그 몸으로 우리 죄를 담당(벧전 2:24)해 주기 위해서이다. 바로 속죄 제물이 되기 위해서이다. 세상 죄를 지고 가는 어린 양이 되기 위해서는 죄와 흠이 없는 하나님의 아들이 인간의 육체를 입고 오셔야만 가능하기 때문이다. 그러므로 복음은 성육신으로부터 시작된다.

수난 당하심

육신을 입고 이 땅에 오신 예수님이 수난 당하신 이유가 무엇인가? 이사야를 통해서 하나님은 그 이유를 잘 설명하고 계신다.

"그는 멸시를 받아 사람들에게 버림받았으며 간고를 많이 겪었으며 질고를 아는 자라 마치 사람들이 그에게서 얼굴을 가리는 것같이 멸시를 당하였고 우리도 그를 귀히 여기지 아니하였도다 그는 실로 우리의 질고를 지고 우리의 슬픔을 당하였거늘 우리는 생각하기를 그는 징벌을 받아 하나님께 맞으며 고난을 당한다 하였노라 그가 찔림은 우리의 허물 때문이요 그가 상함은 우리의 죄악 때문이라 그가 징계를 받으므로 우리는 평화

를 누리고 그가 채찍에 맞으므로 우리는 나음을 받았도다"(사 53:3-5)

버림받음, 멸시, 간고, 질고, 슬픔, 찔림, 고난, 상함, 채찍에 맞으시는 일들이 우리를 구원하는 사역이었다. 예수님께서 찔림을 받으심으로 우리의 허물이 속량 되고, 그가 상함으로 우리의 죄악이 속량 되고, 그가 목마르심으로 우리의 목마름이 사라지고, 그가 하나님에게 버림받으심으로 우리가 영광스런 하나님의 품에 안기게 되고, 그가 친히 나무에 달려 저주를 받으심으로 우리들의 모든 저주가 사라지고 아브라함의 복과 성령의 약속을 받게 되었다. 이처럼 예수님의 수난 당하신 사건 하나하나가 구원의 큰 은총을 얻게 하는 사역이었다.

십자가 지심

바울은 예수 그리스도와 그가 십자가에 못 박히신 것 외에는 아무 것도 알지 아니하기로 작정하였다고 한다(고전 2:2). 그리고 오직 예수 그리스도의 십자가 외에 결코 자랑할 것이 없다고 한다(갈 6:14). 한 걸음 더 나아가 바울은 유대인은 표적을 구하고 헬라인은 지혜를 찾으나 우리는 십자가에 못 박힌 그리스도만을 전한다고 한다(고전 1:22-23). 그 이유가 무엇일까?

베드로 사도의 증언을 자세히 살펴보라.

"친히 **나무에 달려 그 몸으로 우리 죄를 담당하셨으니** 이는 우리로 죄에 대하여 죽고 의에 대하여 살게 하려 하심이라 그가

채찍에 맞음으로 너희는 나음을 얻었나니"(벧전 2:24)

친히 우리의 죄를 담당해 주신 분이 누구인가? 바로 예수 그리스도이다. 어디서 담당해 주시는가? "나무에 달려" 바로 십자가이다. 그러므로 예수 그리스도를 인격적으로 만난 자들은 십자가를 볼 때마다 "아하, 하나님이 나를 이처럼 사랑하셨구나!", "아하, 저 십자가에서 나의 모든 죄가 속량되었구나!"라는 감탄사가 절로 터져 나온다. 십자가에서 모든 죄와 저주가 속량된다.

부활하심

부활하심으로 예수님이 하나님의 아들이심이 증명된다. 만약 예수님께서 부활하지 않으셨다면 예수님의 수난당하심과 십자가에 죽으심이 아무 의미가 없게 된다. 그가 친히 부활하심으로 그분의 모든 사역과 그 분의 모든 가르침이 진리가 된다. 이런 측면에서 예수 그리스도의 부활은 복음의 중요한 부분이다.

승천하심

대부분의 그리스도인들은 십자가와 부활만을 복음으로 이해하는 경우가 많은데 전혀 그렇지 않다. 부활하신 예수님께서 승천하지 않으셨다면 보혜사 성령님이 이 땅에 오실 수 없다. 이 사실에 대해 사도 요한은 이렇게 말한다.

"그러나 내가 너희에게 실상을 말하노니 내가 떠나가는 것이 너희에게 유익이라 내가 떠나가지 아니하면 보혜사가 너희

에게로 오시지 아니할 것이요 가면 내가 그를 너희에게로 보내리니"(요 16:7)

부활하신 예수님이 승천하신 이유 중에 하나가 성령님을 보내주기 위함이다. 그러므로 예수님은 제자들에게 이렇게 말씀하신다. "내가 승천하는 것이 너희에게 유익하다. 내가 승천해야만 너희에게 성령님을 보낼 수 있기 때문이다." 이런 측면에서 승천하심은 복음의 중요한 부분이다.

성령강림

부활하신 예수님이 승천하지 않으셨다면 성령강림도 없다. 성령강림이 없었다면 이 땅에 사는 어느 누구도 예수 그리스도의 복음을 경험할 수 없다. 진리 가운데로 인도하는 성령강림이 없었다면 복음을 들을 수도 없고, 들어도 이해할 수도 없고, 누구 하나 거듭날 수도 없다. 이런 측면에서 성령강림은 복음의 중요한 부분이다.

성령 안에서 사역하시는 예수님

예수님의 공생애 시절에는 예수님 안에서 성령님이 일을 하시고 성령강림 후에는 성령님 안에서 예수님이 일하심을 보게 된다. 이 사실에 대해 예수님은 이렇게 말씀하셨다.

"내가 아버지께 구하겠으니 그가 또 다른 보혜사를 너희에게 주사 영원토록 너희와 함께 있게 하리니 그는 진리의 영이라

바른 복음

세상은 능히 그를 받지 못하나니 이는 그를 보지도 못하고 알지도 못함이라 그러나 너희는 그를 아나니 그는 너희와 함께 거하심이요 또 너희 속에 계시겠음이라"(요14:16-17)

16, 17절 말씀은 예수님께서 성부 하나님께 구하여 다른 보혜사를 보내어 그리스도인들 속에 계시게 하겠다는 말인데 18절부터는 예수님이 우리를 고아와 같이 버려두지 않고 직접 오셔서 우리 속에 거주하시겠다고 하신다. 자세하게 읽어보라.

"내가 너희를 고아와 같이 버려두지 아니하고 너희에게로 오리라 조금 있으면 세상은 다시 나를 보지 못할 것이로되 너희는 나를 보리니 이는 내가 살아 있고 너희도 살아 있겠음이라 그 날에는 내가 아버지 안에, 너희가 내 안에, 내가 너희 안에 있는 것을 너희가 알리라"(요 14:18-20)

여기서 우리는 성령강림 사건의 중요한 면을 보게 된다. 이 말씀은 성령강림 사건으로 부활하신 예수님의 사역이 성령 안에서 계속될 것을 언급하신 중요한 내용이다. 그러므로 사람을 구원하시는 예수님의 사역은 십자가와 부활 그리고 승천과 성령강림으로 끝난 것이 아니다. 예수님의 구원 사역은 성령 안에서 지금도 계속되고 있다.

오순절 성령강림 사건 이후에 예수님의 구원 사역을 가장 잘 표현하는 말씀은 요한계시록 3장 20절이다.

"볼지어다 내가 문 밖에 서서 두드리노니 누구든지 내 음성을 듣고 문을 열면 내가 그에게로 들어가 그와 더불어 먹고 그는 나와 더불어 먹으리라"

사람을 구원하기 위해 멈추지 않는 예수님의 사역이 무엇인가? 이 말씀을 통해 두 가지 사역을 볼 수 있다. 하나는 구원받아야 할 심령의 문을 두드리는 사역이며, 또 하나는 심령의 문을 여는 자들 속에 들어가 그와 더불어 사는 사역이다. 이 사역에 대해 바울은 데살로니가전서 5장 10절에서 이렇게 말한다.

"예수께서 우리를 위하여 죽으사 우리로 하여금 깨어 있든지 자든지 자기와 함께 살게 하려 하셨느니라"

이렇듯 예수님은 자신을 구원자와 주인으로 영접하는 자들 안에 거주하시면서 하나님의 나라를 누리도록 지금도 사역하고 계신다. 이 사역이 이루어지고 있는 상태가 바로 임마누엘인 것이다.
그러므로 예수 그리스도의 구원사역은 성육신으로부터 시작하여 수난당하심, 십자가의 구속하심, 부활하심, 승천하심, 성령강림을 허락하심 뿐만이 아니다. 오늘날까지도 성령님 안에서 예수님은 구원해야 할 자들의 심령을 두드리시고 심령의 문을 여는 자들 안에 거주하시면서 하나님의 나라를 누리고 성화시켜 가는 모든 사역이다. 이것이 바로 오직 은혜의 복음이요, 예수 그리스도의 복음인 것이다.

오직 믿음!

바른 복음은 "오직 은혜, 오직 예수이다!"이다. 그런데 예수 그리스도를 통해 우리에게 다가오는 은혜의 선물을 받아들이는 것이 무엇일까? 그것은 믿음이다!

의롭다 함을 받는 것도, 하나님의 아들이 되는 것도 오직 무엇으로 가능한가? 아래 성경 구절들을 자세히 살펴보자.

> "할례자도 믿음으로 말미암아 또한 무할례자도 믿음으로 말미암아 의롭다 하실 하나님은 한 분이시니라"(롬 3:30)

> "곧 예수 그리스도를 믿음으로 말미암아 모든 믿는 자에게 미치는 하나님의 의니 차별이 없느니라"(롬 3:22)

> "그런즉 자랑할 데가 어디냐 있을 수가 없느니라 무슨 법으로냐 행위로냐 아니라 오직 믿음의 법으로니라 그러므로 사람이 의롭다 하심을 얻는 것은 율법의 행위에 있지 않고 믿음으로 되는 줄 우리가 인정하노라"(롬 3:27-28)

성경은 구원받은 그들을 향해 어떻게 하나님의 아들이 되었다고 말하는가?

> "너희가 다 믿음으로 말미암아 그리스도 예수 안에서 하나님의 아들이 되었으니"(갈 3:26)

성경은 어떻게 구원 받았다고 말하는가?

"너희는 그 은혜에 의하여 믿음으로 말미암아 구원을 받았으니 이것은 너희에게서 난 것이 아니요 하나님의 선물이라 행위에서 난 것이 아니니 이는 누구든지 자랑하지 못하게 함이라"(엡 2:8-9)

의롭다 함을 받는 것, 하나님의 아들이 되는 것, 구원을 받는 것 모두 오직 믿음으로만 된다.

오직 은혜!
오직 예수!
오직 믿음!
이 세 가지를 갖춘 복음이 바른 복음이다. 이것이 사도들이 전한 거룩한 복음이었고, 순결한 복음이었고, 순수한 복음이었다. 이 세 가지 중에 한 가지만 맞지 않아도 그것은 변질된 복음이요, 왜곡된 복음이요, 썩은 복음이요, 다른 복음이다.

Chapter 2

그러나 잊지 말아야 하는 것이 있다.
그것은 바로 진리는 배타적이어야 한다는 것이다.
어느 것이 진리라면 다른 것은 자연히 진리가 아닌 비진리가 되는 것이다.

chapter 2
다른 복음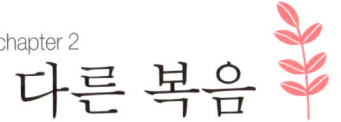

다른 복음은
예수님의 십자가 사건이 우리를 구원하기에
부족함이 없는 충족성을 무너뜨림으로
결국은 오직 은혜, 오직 예수, 오직 믿음의
바른 복음을 무너지게 한다

오늘날 교회 안에 많은 사람들이 다른 복음으로 오염되어 있다. 타락된 복음으로 변질되고 있다. 썩은 복음으로 썩어가고 있다. 대표적인 다른 복음이 무엇일까?

사탄이 거룩한 복음을 변질시켜 변질된 복음으로 사기친다. 사탄이 제시한 거짓된 복음이 무엇일까?

율법주의

갈라디아교회에 들어온 대표적인 다른 복음은 율법주의이다. 갈라디아 교인들에게 바울은 오직 예수, 오직 십자가를 전했다.

오직 은혜, 오직 예수, 오직 믿음의 복음을 전했다. 이와 같은 순수 복음, 바른 복음으로 갈라디아교회가 세워졌다. 바울이 떠난 뒤에 거짓 선지자들과 거짓 교사들이 교회에 들어와 오직 예수님만으로 구원을 얻을 수 있는 것이 아니라고 했다. 오직 믿음으로는 구원을 못 받는다고 했다. 예수를 믿는 50%의 믿음 위에 50%의 율법의 행위가 더해져야 구원을 받는다고 했다. 예수도 믿고 할례도 받아야 한다고 했고, 안식일과 안식년을 지켜야 한다고 했고, 구약에서 금지한 음식도 먹지 말아야 한다고 했다. 그리고 유월절도 지켜야 한다고 했다. 예수만 붙들지 말고 동시에 율법도 붙들어야 한다고 했다. 이것이 율법주의이다. 율법주의는 다른 복음이다. 율법주의는 이단이다. 율법주의가 다른 복음이고 이단인 것은 예수 그리스도의 보혈의 완전성을 거부하는 것이기 때문이다. 예수님의 십자가 사건이 우리를 구원하기에 부족함이 없다는 충족성을 무너뜨림으로 결국은 오직 은혜, 오직 예수, 오직 믿음의 바른 복음을 무너뜨리고 있는 것이다.

갈라디아교회에만 이런 율법주의가 있었던 것이 아니다. 전통적인 복음이 들어간 곳마다 다른 복음의 독버섯들이 나타났다. 천주교회, 즉 로마 카톨릭의 공식적인 교리서를 읽어 보면 이렇게 나와있다. "너희들이 예수 그리스도를 믿음으로만 구원 얻는다고 주장한다면 영원히 저주를 받을지어다." 만약 이 교리를 주장하고 있다면 로마 카톨릭의 복음은 율법주의요 다른 복음이다. 변질된 복음이다. 양의 탈을 쓰고 사랑하라고 외치지만 그 속에 늑대가 들어있는 썩은 복음이다. 사도들이 전한 오직 은혜, 오직 예수, 오직 믿음. 이 범주를 벗어난 율법주의는 예수 그리스도의 보혈을

희석시키는 이단이요 다른 복음이다.

수많은 종교개혁자들이 로마 가톨릭을 향해서 적그리스도라고 외치다가 수백만 명이 죽었다. 수백만 명을 죽인 자들이 바로 로마 카톨릭이다.

개신교 안에도 이런 율법주의가 들어와 있다. 보수 정통신학을 주장하면서 율법주의에 빠져 있기도 하고, 신사도운동을 일으켜야 한다고 말하면서 신비주의적인 것을 주장한다. 예수님을 믿는 믿음만으로 안 된다고 주장하기도 한다. 율법대로 살아야 한다고 주장한다. 선행을 해야 한다고 주장한다. 예수도 믿고 율법도 지켜야 한다고 말하는 이들을 가리켜 '신율법주의자'라고 한다. 율법주의는 다른 복음이다. 선행이나 율법을 행하는 삶은 구원받는 자에게 구원의 결과로 자연스럽게 드러난 것이지 선행이나 율법을 행하는 삶이 구원의 전제 조건으로 제시된 것이 아니다. 만약 선행이나 율법대로 사는 삶이 구원의 전제 조건이라면 예수님의 십자가 죽음이 의미가 없어진다. 율법대로 사는 삶이나 선행은 '예수님의 십자가의 은혜에 감사하고 그 은혜를 어떻게 보답할까?' 라는 물음에 자연스럽게 드러나게 되는 결과이다.

성경은 율법의 영향력에 대해 이렇게 말한다.

"율법은 장차 올 좋은 일의 그림자일 뿐이요 참 형상이 아니므로 해마다 늘 드리는 같은 제사로는 나아오는 자들을 언제나 **온전하게 할 수 없느니라**"(히 10:1)

율법은 그림자일 뿐이고 온전하게 할 수 없는 것이라고 말하고 있다. 율법이 하는 일은 참 복음인 오직 예수 그리스도께로 인도하는 교사역할을 한다고 말한다.

"이같이 율법이 우리를 그리스도께로 인도하는 초등교사가 되어 우리로 하여금 믿음으로 말미암아 의롭다 함을 얻게 하려 함이라"(갈 3:24)

바울은 율법주의에 오염된 갈라디아 교인들에게 이렇게 말한다.

"사람이 의롭게 되는 것은 율법의 행위로 말미암음이 아니요 오직 예수 그리스도를 믿음으로 말미암는 줄 알므로 우리도 그리스도 예수를 믿나니 이는 우리가 율법의 행위로써가 아니고 그리스도를 믿음으로써 의롭다 함을 얻으려 함이라 율법의 행위로써는 의롭다 함을 얻을 육체가 없느니라"(갈 2:16)

기복주의

교회 안에 들어온 변질된 복음 중에 기복주의가 있다. 기복주의가 무엇일까? 복을 지나치게 강조하거나 복을 달라고 몸부림치는 사람들을 가리켜 흔히 기복주의자들이라고 하지만 복을 강조하고 복을 달라고 몸부림치는 모든 자들이 기복주의자들인가? 아니다.

성경에 계시된 하나님은 복을 어떻게 하고 싶어 하시는가?

"여호와는 네게 복을 주시고 너를 지키시기를 원하며 여호와는 그의 얼굴을 네게 비추사 은혜 베푸시기를 원하며 여호와는 그 얼굴을 네게로 향하여 드사 평강 주시기를 원하노라 할지니라 하라"(민 6:24-26)

"…원하며…, …원하며…, …원하노라…." 하나님이 우리들에게 얼마나 복을 주고 싶어 하시는지를 알 수 있는 표현이다.

한량없는 복을 주고 싶어서 아론과 그 후손들에게 명령한 내용이 무엇인가?

"그들은 이같이 내 이름으로 이스라엘 자손에게 축복할지니 내가 그들에게 복을 주리라"(민 6:27)

인간은 의존적인 존재로 하나님께서 주시는 복으로 살아간다. 복을 구하는 행위는 자연스러운 인간의 행위이다. 축복할지니(복을 빌어줄지니) 내가 그들에게 복을 주리라고 하신다. 하나님은 복을 주고 싶어 하신다. 하나님은 사람들에게 복주심으로 기쁨을 누리신다.

성경은 복을 구하는 그 자체를 기복주의라고 하지 않는다. 복이 목적이 되는 것을 기복주의라고 한다. 복이 주인이 되는 것이 문제라는 것이다. 그 목적을 이루기 위해서 열심히 기도하고 봉사

다른 복음 35

하고 헌금하는 행위는 하나님과 비즈니스하고 있는 것이지 신앙이 아니다. 기복주의에 물들어 있는 자들을 가리켜 성경은 어떻게 말하고 있는가?

"이같은 자들은 우리 주 그리스도를 섬기지 아니하고 다만 자기들의 배만 섬기나니 교활한 말과 아첨하는 말로 순진한 자들의 마음을 미혹하느니라"(롬 16:18)

이들은 그리스도를 섬기는 것이 아니라 자기들의 배만 섬기고 있는 자들이라고 말하고 있다. 이들은 주 그리스도를 섬기는 자들이 아니라고 분명히 밝히고 계신다.

오늘날 많은 교인들이 기복주의라는 다른 복음에 깊이 물들어 있다. 내가 혹시 이런 기복주의에 물들어 있지 않은지 점검해 보라. 신앙생활의 목표가 재물이고, 성공이고, 출세이고, 명예인지 그리고 이런 것들이 당신을 움직이는 주인인지 점검해 보라. 이런 것들이 목적이자 주인이고 이런 것들을 얻기 위하여 하나님과 예수님을 헬퍼(Helper)로 여기고 이용하고 있다면 그는 하나님을 따르는 신앙인도 아니요, 그리스도를 따르는 제자도 아니다. 부귀와 명예 그리고 만사형통을 따르는 이단일 뿐이다. 물질을 따르는 적그리스도일 뿐이다. 교회 안에 이렇게 기복주의에 오염되어 있는 자들이 의외로 많다. 당신은 어떤가?

산상수훈에서 예수님께서는 기도를 가르쳐 주실 때 일용할 양식을 구하라고 하신다. 그런데 요한복음 15장 7절에서는 무엇이든지 원하는 대로 구하라고 하신다. 일용할 양식을 구하라고 하신 예수님이 왜 여기서는 종류와 양에 대해서 원하는 대로 구하라고 하실까? 왜 서로 다른 말씀을 하실까? 의구심이 가는 부분이다. 성경의 전체적인 문맥을 통해 보면 이렇다. 사적인 필요를 위해서는 일용할 양식을 구하라는 뜻이고, 공적인 뜻을 이루기 위해서는 무엇이든지 원하는 대로 구하라고 하시는 것이다.

그리스도 안에 있는 자들은 사적으로는 일용할 양식만으로 충분하다. 그러나 공적인 사역을 위해서는 일용할 양식만으로 안 된다. 그러기에 무엇이든지 원하는 대로 구하라고 하시는 것이다.

한나는 아들을 달라고 몸부림치며 기도한다. 이 기도는 사적인 필요가 아니다. 공적인 필요였다. 그 당시에 자기에게는 아들이 없었고 하나님에게는 구속역사를 이어가고 민족을 반듯하게 세워갈 지도자가 없었다. 아들을 구하는 한나는 기도 중에 지도자를 찾고 있는 하나님의 마음을 읽었다. 이것이 심정을 통한 기도인 것이다. 결국 한나의 기도 속에서 하나님은 귀한 지도자를 세워가고 있었던 것이다.

아브라함에게 준 복들, 이삭에게 준 복들, 야곱에게 준 복들은 모두 하나님의 비전을 이루기 위해 사용되었다. 이것이 바로 은혜의 공공성이다. 사명의 공공성이다.

기복주의는 부귀명예, 무병장수, 만사형통이 주인이고 그것을 목표로 삼는 신앙행위이다. 그러나 예수님이 주인이고 하나님의 비전을 이 땅에 이루기 위해 복을 구하고 있다면 그것은 기복주의가 아니다.

우리가 하나님을 붙들고 기도하는 모든 복이 하나님의 비전을 이 땅에 이루기 위해서 필요한 공공성을 위한 몸부림이라면 가장 아름다운 신앙인 것이다.

종교 다원주의

종교 다원주의가 무엇인가?
사람들은 기독교인들을 향해 이렇게 말한다.
"왜 예수 그리스도만 구원자라고 말하는가?"
"왜 불교나 천주교나 힌두교나 회교를 인정하지 않는가?"
"모든 종교가 똑같이 추구하는 것이 구원이고 그 진리는 동일한 것이 아닌가?"
"목포에서 서울 가는 방법이 다양하지 않는가? KTX를 타고 갈 수 있고, 비행기를 타고 갈 수 있고, 승용차로도 갈 수 있듯이 불교를 통해서 천국 갈 수 있고, 유교를 통해서도 갈 수 있는 것 아니냐? 너희들은 왜 그렇게 배타적이냐?"라고 말한다.

그러나 잊지 말아야 하는 것이 있다. 그것은 바로 진리는 배타적이어야 한다는 것이다. 어느 것이 진리라면 다른 것은 자연히 진리가 아닌 비진리가 되는 것이다. 진리일수록 배타적인 것이다. 진리가 어찌 비진리를 인정할 수 있겠는가? 석가탄신일에 천주교에서 불교사찰에 축하화환을 보내고 성탄절에는 불교에서 천주교에 축하화환을 보낸다. 이런 행위는 자신들에게는 진리가 없다는 사실을 스스로 증명하고 있는 것이다.

오직 은혜, 오직 예수, 오직 믿음에서 벗어난 것은 인정할 수 없다. 어떻게 십자가에서 죄를 구속하신 예수님을 공자와 비교하고 석가와 비교 할 수 있겠는가?

요한계시록 17장에 가보면 마지막 종말시대에 큰 음녀가 나타난다. 교회라는 명패는 달고 있는데 속은 큰 음녀이다. 모든 교회들을 미혹해서 악의 세력을 만들어 간다는 말씀이다. 바로 이 큰 음녀가 종교 혼합주의이다. 종교 다원주의이다.

천지를 창조하시고 인간을 지으신 하나님은 구원을 받을 만한 다른 이름을 주신 적이 없다. 오직 예수님뿐이다.

> "다른 이로써는 구원을 받을 수 없나니 천하 사람 중에 구원을 받을 만한 다른 이름을 우리에게 주신 일이 없음이라 하였더라"(행 4:12)

공자 선생님처럼 윤리를 가르치거나 석가모니 선생님처럼 철학을 가르치면서 많은 사람들에게 선한 영향력을 미칠 수는 있겠지만 인간의 죄의 문제, 사망의 문제, 사탄의 결박의 문제, 지옥의 문제를 어떤 종교도 풀어주지는 못한다. 그러나 하나님은 이 모든 문제를 독생자를 통해 십자가에서 해결하셨다. 바른 복음은 오직 은혜, 오직 예수, 오직 믿음뿐이다. 여기에서 벗어난 것은 다른 복음이다.

Part 2

바른 믿음 다른 믿음

떠남, 주인 바꿈, 전적 의탁, 따름, 드림,
예수님 안에 거주하는 삶이 모아져서
가장 멋지고 아름다운 믿음의 작품을
이루게 된다.

Right Faith Different Faiths

Chapter 1

신앙인처럼 보이지만 바른 복음을 붙들지 않고 다른 믿음으로 사는 자들은
예수님과 관계가 없는 종교 놀이하는 종교인일 뿐이다.

chapter 1
진품인가? 짝퉁인가?

손에 키를 들고 자기의 타작 마당을 정하게 하사
알곡은 모아 곳간에 들이고 쭉정이는 꺼지지 않는 불에 태우시리라
눅 3:17

　명품에는 짝퉁이 많듯이 명품 중에 명품인 복음도 변질된 짝퉁 복음들이 세상에 많이 존재한다. 짝퉁 복음으로 영혼을 도둑질하는 집단을 가리켜 '이교도 집단' 혹은 '이단집단'이라고 한다. 그래서 성경은 거짓 그리스도들과 거짓 선지자들의 미혹을 받지 말라고 경계하고 있다.
　예수님은 복음에도 짝퉁이 있지만 복음을 믿는 믿음에도 짝퉁이 있다고 말씀하신다.
　어떤 사람이 외국 여행 중에 천만 원짜리 로렉스 시계를 사왔다. 그 시계의 정가는 천오백만 원인데 특별 세일 기간이라 정가

보다 30% 저렴하게 사 온 것이다. 그 시계를 구입한 후부터 흥분되기 시작했다. 시계를 차고 다니며 자랑했다. 시계 가게를 하는 친구가 시계를 한 번 보자고 했다. 시계를 이리저리 살펴보더니 명품시계를 취급하는 가게에 가서 한 번 보여 보라고 했다. 정말 싸게 산 것인지 확인해 보라고 한 것이다. 언짢은 기분으로 명품을 취급하는 가게에 가서 그 시계를 보여 주었다. 가게 주인이 이리저리 점검해 보더니 조심스럽게 말했다. "손님, 이 시계는 진품이 아닙니다. 짝퉁가게에서 1만 원이면 살 수 있는 흔한 짝퉁입니다." 충격이었다.

만약에 우리들의 믿음이 주님 앞에 섰을 때 짝퉁임이 드러난다면 어떻게 하겠는가?

나의 믿음은 진품일까? 짝퉁일까?

주변에 신앙생활하는 사람들을 면밀히 살펴보라. 진품이 많을 것 같은가? 짝퉁이 많을 것 같은가? 예수님은 열매로 그들을 알리라고 하신다. 당신의 믿음은 어떤가?

좋은 곡식인가? 가라지인가?

예수님은 교회 안에 좋은 곡식, 가라지가 존재한다고 말한다. 마태복음 13장 24절에서 30절까지 주의 깊게 읽어보라.

"예수께서 그들 앞에 또 비유를 들어 이르시되 천국은 좋은 씨를 제 밭에 뿌린 사람과 같으니 사람들이 잘 때에 그 원수가 와서 곡식 가운데 가라지를 덧뿌리고 갔더니 싹이 나고 결실할 때에 가라지도 보이거늘 집 주인의 종들이 와서 말하되 주여 밭에 좋은 씨를 뿌리지 아니하였나이까 그런데 가라지가 어디서 생겼나이까 주인이 이르되 원수가 이렇게 하였구나 종들이 말하되 그러면 우리가 가서 이것을 뽑기를 원하시나이까 주인이 이르되 가만 두라 가라지를 뽑다가 곡식까지 뽑을까 염려하노라 둘 다 추수 때까지 함께 자라게 두라 추수 때에 내가 추수꾼들에게 말하기를 가라지는 먼저 거두어 불사르게 단으로 묶고 곡식은 모아 내 곳간에 넣으라 하리라"(마 13:24-30)

세상에 좋은 곡식과 가라지가 있다는 말이 아니다. 교회 안에 좋은 곡식과 가라지가 공존하고 있다는 말이다. 좋은 곡식과 가라지는 언제까지 교회 안에 공존하는가? 추수 때까지이다. 추수 때는 바로 예수님 재림 때요, 종말을 의미한다. 교회에 등록한 교인 중에 어떤 사람은 좋은 곡식이고 또 어떤 사람은 가라지라는 것이다. 그러나 교회 안에 교인들은 누구나 자기만은 가라지가 아닐 것이라고 생각하거나 가라지가 되지 않기를 바랄 것이다.

좋은 곡식과 가라지 비유를 말씀하신 예수님의 마음은 어떤 마음일까? 모두가 좋은 곡식이 되기를 바라는 마음으로 이 말씀을 하셨을 것이다.

예수님은 어떤 사람을 좋은 곡식이라고 하고 또 어떤 사람을 가라지라고 하실까? 바른 복음을 붙들고 바른 믿음을 소유한 자는 좋은 곡식이다. 그러나 다른 복음을 붙들고 있는 자는 가라지이다. 그리고 바른 복음을 붙들고 있다고 해도 다른 믿음으로 사는 자들은 가라지이다. 신앙인처럼 보이지만 바른 복음을 붙들지 않고 다른 믿음으로 사는 자들은 예수님과 관계가 없는 종교 놀이하는 종교인일 뿐이다. 성경은 이들을 가라지라고 한다. 이처럼 교회 안에는 좋은 곡식과 가라지가 공존한다. 교회 안에는 바른 복음을 붙들고 사는 자와 오염되고 변질된 썩은 복음으로 사는 자들이 공존한다. 바른 복음 안에서 진품 믿음을 가진 자와 짝퉁 믿음을 가진 자가 공존한다. 당신은 어떤가?

알곡인가? 쭉정이인가?

교회 안에는 알곡과 쭉정이가 공존한다. 누가복음 3장 17절을 주의 깊게 읽어보라.

> "손에 키를 들고 자기의 타작 마당을 정하게 하사 알곡은 모아 곳간에 들이고 쭉정이는 꺼지지 않는 불에 태우시리라"

결국 알곡은 천국 곳간에 들어가고 쭉정이는 지옥 불에 들어가게 된다.

알곡과 쭉정이 비유를 자세히 분석해 보면 알곡과 쭉정이는 공통점이 있고, 다른점이 있다. 공통점은 둘 다 껍질이 존재한다는 것이다. 즉 알곡이나 쭉정이도 동일하게 믿음의 외적인 형태는 갖추고 있다는 것이다. 그러나 알곡은 알맹이가 있고 쭉정이는 알맹이가 없다는 것이 이들의 다른점이다. 그렇기 때문에 겉으로 보아서는 알곡과 쭉정이를 구분하기 어렵다. 왜냐하면 알곡과 쭉정이의 외적인 형태가 동일하기 때문이다. 이와 같이 겉으로 보기에는 신앙인처럼 보이지만 알맹이가 없는 종교인들이 교회 안에 많이 존재한다. 신앙인의 외적인 요소는 다 갖추고 있지만 신앙인이 아닌 경우가 많다.

신앙인의 외적인 형태를 갖춘 전형적인 종교인의 모습을 마태복음 7장 22절에서 볼 수 있다.

"그 날에 많은 사람이 나더러 이르되 주여 주여 우리가 주의 이름으로 선지자 노릇 하며 주의 이름으로 귀신을 쫓아 내며 주의 이름으로 많은 권능을 행하지 아니하였나이까 하리니"

이들은 신앙인의 외적인 형태는 갖추고 있었다. 누구든지 이들을 보면 신앙인처럼 보였다. 본인 스스로도 자신들은 믿음의 사람이라는 확신을 가지고 있었다. 그러나 이들은 신앙인이 아니라 전형적인 종교인들이었다. 이들의 정체가 예수님 앞에 섰을 때 드러난다. 예수님은 이들에 대해 어떻게 말씀하시는가? 22절에 이어 23절을 유의해서 보라.

"그 때에 내가 그들에게 밝히 말하되 내가 너희를 도무지 알지 못하니 불법을 행하는 자들아 내게서 떠나가라 하리라"

"주여 주여 우리가 주의 이름으로 선지자 노릇하며, 주의 이름으로 귀신을 쫓아내고, 주의 이름으로 많은 권능을 행하지 아니하였나이까?" 라고 확신을 가지고 말했을 때 예수님은 단호하게 "내가 너를 도무지 알지 못한다" 즉, "너와 나는 아무 관계가 없다. 불법을 행하는 자들아 내게서 떠나가라."고 하신다. 여기서 말하는 불법을 행했다는 말은 율법을 어겼다는 말일까? 믿음의 법을 어겼다는 말일까? 바로 믿음의 법을 어겼다는 말이다.

지금 우리가 살펴보고 있는 이 부분은 산상수훈의 결론 부분이다. 예수님께서 산에서 행하신 설교라 하여 산상수훈이라고 한다. 이 설교 한 편이 그대로 마태복음 5장 1절부터 7장 마지막 절까지 전문으로 기록된다. 그런데 말씀을 보면 산상수훈은 팔복(八福)으로 시작한다. 이것은 산상수훈의 서론이 팔복이며, 마태복음 7장 20절부터 마지막 절까지가 결론 부분이라는 의미이다.

설교에 있어서 서론이 중요할까? 결론이 중요할까? 서론을 위해 결론을 말할까? 결론을 위해 서론을 전개할까? 설교는 결론을 말하기 위해 서론과 본론을 전개한다. 이런 측면에서 봤을 때 마태복음 7장 20절 이하의 부분이 산상설교에 있어서 가장 중요한 결론 부분이다.

뿐만 아니라 사람이 말을 할 때 중요한 말은 먼저 하는가? 나중에 하는가? 대부분 중요한 말은 나중에 하지 않는가? 이런 측면에서 볼 때도 팔복보다 더욱 중요한 부분이 바로 결론 부분인 것이다.

그렇다면 산상수훈의 결론은 어떤 내용이 기록되어 있을까? 예수님은 100년, 200년, 1000년, 2000년의 교회 역사가 흘러가면서, 신앙인인 척하며 종교놀이하는 종교인들이 많아질 것을 미리 내다보고 계셨다. 그리고 하신 말씀이 바로 마태복음 7장 22, 23절까지다.

이 말씀을 다시 한 번 살펴보자. 그날에 자신들의 믿음이 진품이 아니라 유사품이었다는 사실 앞에 망연자실할 자들이 얼마나 된다고 생각하는가?

"그 날에 많은 사람이 나더러 이르되 주여 주여 우리가 주의 이름으로 선지자 노릇 하며 주의 이름으로 귀신을 쫓아 내며 주의 이름으로 많은 권능을 행하지 아니하였나이까 하리니 그 때에 내가 그들에게 밝히 말하되 내가 너희를 도무지 알지 못하니 불법을 행하는 자들아 내게서 떠나가라 하리라"

많은 사람들이 예수님 앞에서 그들의 거짓 믿음의 정체가 드러나게 된다고 하셨다. 실제로 예수님은 공생애 사역 중에 이런 말씀을 하셨다.

"…그러나 인자가 올 때에 세상에서 믿음을 보겠느냐 하시니라" (눅 18:8하)

예수님이 다시 오실 때 세상에서 바른 믿음을 가진 자를 보기가 쉽지 않을 것이라는 말씀이 아니겠는가?

이 말씀의 렌즈에 한국교회를 비추어 본다면 한국교회는 믿는 척하는 종교인이 많을 것 같은가? 진품 믿음을 가진 신앙인이 많을 것 같은가? 누구라도 자신 있게 대답하기 어려울 것이다.

예수님께서는 짝퉁 믿음을 가지고 주님 앞에서 퇴출당하는 이 (22-23절)들을 예로 보여주면서 그 다음 24절에서 산상수훈의 결론을 어떻게 맺고 계시는가? 마태복음 7장 24절~27절까지를 주의 깊게 읽어보라.

"<u>그러므로</u> 누구든지 나의 이 말을 듣고 행하는 자는 그 집을 반석 위에 지은 지혜로운 사람 같으리니 비가 내리고 창수가 나고 바람이 불어 그 집에 부딪치되 무너지지 아니하나니 이는 주추를 반석 위에 놓은 까닭이요 나의 이 말을 듣고 행하지 아니하는 자는 그 집을 모래 위에 지은 어리석은 사람 같으리니 비가 내리고 창수가 나고 바람이 불어 그 집에 부딪치매 무너져 그 무너짐이 심하니라"

"그러므로"라는 말이 매우 중요하다. 유사품 믿음에 속은 자들의 실상을 보여주고, 짝퉁 믿음에 속은 자들의 결말을 세밀하게 보여주고 나서 "그러므로" 믿음의 집을 지으라고 하신다. 모래 위가 아닌 반석 위에 집을 짓는 지혜로운 사람처럼 믿음의 집을 제대로 지으라고 하신다. 다시 말해서 '다른 믿음' 붙들고 살지 말고 '바른 믿음' 붙들고 살라는 것이다. '짝퉁 믿음' 갖지 말고 '진품 믿음' 가져야 한다고 피를 토하는 심정으로 예수님께서 당부하고 계신다.

당신의 몸을 찢고 피를 다 쏟아 이룬 순수한 복음을 누려야 할 백성들이 오염되고 변질된 다른 믿음으로 살아서는 안 된다는 절박한 심정으로 예수님은 말씀하고 계신다. 예수님은 믿음의 집을 제대로 짓는 지혜로운 자가 되라고 외치고 계신다.

사탄은 순수한 복음을 변질시켜 거짓된 복음으로 유혹하며 사기를 치듯이 믿음을 변질시켜 영혼을 유혹하고 있다.

사탄이 만들어 낸 거짓 믿음에 빠져들어서는 안 된다. 당신의 믿음을 진단하라. 당신의 믿음은 진품인가? 짝퉁인가?

Chapter 2

신앙인처럼 보이지만 바른 복음을 붙들지 않고 다른 믿음으로 사는 자들은
예수님과 관계가 없는 종교 놀이하는 종교인일 뿐이다.

chapter 2
유사품에 속은 사람들

그 날에 많은 사람이 나더러 이르되 주여 주여 우리가 주의 이름으로
선지자 노릇 하며 주의 이름으로 귀신을 쫓아내며
주의 이름으로 많은 권능을 행하지 아니하였나이까 하리니
그 때에 내가 그들에게 밝히 말하되 내가 너희를 도무지 알지 못하니
불법을 행하는 자들아 내게서 떠나가라 하리라
(마 7:22-23)

한국교회는 바른 복음과 다른 복음을 구분하는 눈은 어느 정도 가지고 있다. 그런데 바른 믿음과 다른 믿음을 구분하는 눈은 가지고 있지 못한 분들이 의외로 많다.

바른 복음은 오직 은혜, 오직 예수, 오직 믿음이다.

예수님은 믿음 부분에서 바른 믿음이 아닌 다른 믿음 때문에 결정적인 순간에 퇴출당하는 예를 산상설교 결론 부분에서 말씀해 주셨다. 바른 믿음인 것 같았는데 유사품에 속은 자들이 많다고 예수님은 말씀하셨다.

오늘날 교회 안에는 세례를 줄 때나 전도할 때 그리고 양육과

훈련할 때도 믿음 부분에 대해서 너무 가볍게 처리하는 경우가 많다. 이렇다 보니 바른 믿음으로 복음을 누리는 자들이 많지 않은 것이다.

예를 들면 아래 이야기와 같은 경우가 있다.

"구원받기 원한다면 저를 따라서 기도하면 됩니다. 함께 기도합시다."

"예수님, 저는 죄인입니다. 예수님을 나의 구주로, 나의 주인으로 영접합니다."

"아멘!"

"형제님, 우리가 예수님을 영접하는 기도를 드렸습니다. 지금 예수님이 어디 계시죠?"

얼떨결에 기도했던 자들이 확신을 가지고 대답하기보다 긴장하는 경우가 많다.

"예수님을 영접하는 기도를 드렸으니까 우리 안에 계시잖아요."

"아하, 그렇군요."

"이제 형제님은 구원을 받은 거예요."

이와 같은 기도로 믿음의 모든 절차가 다 끝난 것인가? 그렇게 생각하는 이들이 의외로 많은 것 같다. 마음으로 믿는 신뢰와 입으로 시인하고 고백하는 것으로 믿음의 절차가 다 끝난 것처럼 생각하기도 한다. 그러나 이것은 믿음에 대한 매우 위험한 접근이다.

물론 마음의 문을 열고 전인격적으로 예수님을 구원자와 주인으로 영접하는 것은 매우 중요한 일이요, 반드시 이루어져야 할 일이다. 이것을 반대하거나 의미 없는 일이라고 말하는 것은 아니다. 물론 예수님이 '나의 구원자입니다. 나의 주인입니다'라는 시인과 고백도 매우 중요한 일임에 틀림이 없다.

문제는 '성경이 말하는 믿음이 이 정도일까?'라는 것이다. 예수님이 말씀하신 바른 믿음이 이것인지를 깊이 생각하게 된다. 마태복음 7장 20절에서 예수님은 무엇으로 바른 믿음을 알라고 하시는가?

"이러므로 그들의 열매로 그들을 알리라"

열매로 믿음을 알라고 하신다. 영접기도를 했는가를 확인해 보고 알라고 하지 않으신다. 시인과 고백을 들어보고 알라고 하지 않으신다. 열매를 보고 알라고 하신다. 이 말씀은 시인과 고백보다 중요하고, 예수님을 영접하는 기도보다 더 중요한 요소가 믿음 안에 들어 있다는 사실을 우리에게 암시하는 것이다.

그런데 오늘날 대부분의 사람들은 열매로 믿음을 알려고 하지 않는다. 대부분의 사람들은 믿음에 대한 신앙고백을 보거나, 어떤 직분을 가졌는지를 본다. 그리고 귀신을 쫓아내거나 주의 이름으로 권능 행하는 것을 보고 인정한다.

예수님께서는 이런 것으로 자신의 믿음을 진품으로 알았다가 예수님 앞에 섰을 때 그들의 짝퉁 믿음의 정체가 드러나게 되어 퇴출당하는 장면을 리얼하게 보여주신다.

"그 날에 많은 사람이 나더러 이르되 주여 주여 우리가 주의 이름으로 선지자 노릇 하며 주의 이름으로 귀신을 쫓아 내며 주의 이름으로 많은 권능을 행하지 아니하였나이까 하리니 그 때에 내가 그들에게 밝히 말하되 내가 너희를 도무지 알지 못하니 불법을 행하는 자들아 내게서 떠나가라 하리라"(마7:22~23)

이들은 자신들의 믿음이 진품인 줄 알고 살았다. 물론 구원의 확신을 가지고 산 자들이다. 그러나 예수님께서 이들을 도무지 알지 못한다고 했을 때 그들은 당황하지 않을 수 없었다. 그리고 떨리는 목소리로 말한다. "주여! 주여! 우리가 주의 이름으로 선지자 노릇했어요. 귀신도 쫓아냈어요. 많은 권능도 행했습니다. 그래도 나를 모르세요?"

이들은 유사품에 속은 것이다. 이들은 자신들의 믿음이 진품인 줄 알았다. 그런데 주님 앞에서 짝퉁 믿음의 실체가 드러난 것이다. 유사품에 속은 사람들의 특징을 조금 더 자세하게 살펴보자.

주여! 주여!

"주여!"라는 호칭은 시인과 고백의 의미를 담고 있다. "주여!"라는 말을 확대하면 도마의 신앙고백이다.

"도마가 대답하여 이르되 나의 주님이시요 나의 하나님이 시니이다"(요 20:28)

도마의 신앙고백을 한마디로 요약하면 "주여!"이다. 이것을 더 확대하면 베드로의 신앙고백이 된다.

"시몬 베드로가 대답하여 이르되 주는 그리스도시요 살아 계신 하나님의 아들이시니이다"(마 16:16)

유사품에 속아 퇴출당하는 이들의 특징은 예수님을 랍비라고 하지 않았다. 언제나 "주여!"였다. 바로 "나의 구원자가 되셔서 나의 주인이십니다"라는 시인이며, 이 고백을 한 마디로 요약하면 "주여!"인 것이다. 그것도 한 번이 아니라 "주여! 주여!"였다.

오늘날 한국교회는 시인과 고백에 믿음의 비중을 너무 크게 두고 있다는 데 심각한 문제가 있다. 하지만 예수님은 사람의 말을 믿지 않으신다. 십자가를 앞에 두고 대제사장들과 서기관들에게 잡혀 고난을 당하고 십자가에서 죽임당할 것을 말씀하시면서 그 때가 되면 다 나를 버리고 도망갈 것이라고 하셨다. 그때 베드로가 나서서 이렇게 말한다.

"베드로가 대답하여 이르되 모두 주를 버릴지라도 나는 결코 버리지 않겠나이다"(마 26:33)

이 때 예수님은 베드로의 말을 믿으셨는가?

"예수께서 이르시되 내가 진실로 네게 이르노니 오늘 밤 닭 울기 전에 네가 세 번 나를 부인하리라"(마 26:34)

예수님은 베드로의 말을 믿지 않으셨다. 지금도 우리의 시인과 고백을 믿으실 것 같은가? 만약 예수님께서 사람의 말을 믿으신다면 시인과 고백을 보라고 하시지 않고 열매를 보라고 하셨겠는가?

전도사 직분으로 시골에서 교회를 맡아 섬기던 시절이 있었다. 전도사이기 때문에 세례를 줄 수가 없었다. 읍내에 계시는 임시당회장 목사님이 성례를 집행하시기 위해 수요일 저녁예배에 순방을 오셨다. 오후 4시부터 목사님과 장로님과 함께 학습 세례문답에 들어가셨다. 한 주간 동안 열심히 문답공부를 시켰다.

"예수님이 누구십니까?"

"네, 예수님은 하나님의 아들이시며 우리의 구원자가 되십니다."

수도 없이 가르쳤다.

나이 많이 드신 여자 성도님에게 목사님이 물으셨다.

"자매님, 예수님이 누구십니까?"

대답을 못하고 땀만 뻘뻘 흘리고 계셨다.

"이것 대답 못하시면 세례 줄 수가 없습니다."

"오메, 인제 생각났네요. 예수님이 누구냐 하면요잉. 우리 오빠이구만요."

갑자기 문답하시는 목사님과 장로님의 웃음보가 터지고 말았다. 나는 마당에서 창문 틈으로 들리는 소리를 듣고 배꼽 잡고 웃었다. 함께 문답에 참여한 모두가 웃음을 참지 못하고 깔깔대고 웃고 있었다. 아무리 시간이 지나도 웃음이 멈추어지지 않았다. 한참을 지난 후에야 목사님이 물으셨다.

"아주머니, 어떻게 해서 예수님이 오빠가 되시나요?"

"아니, 목사님 생각해 보쇼. 예수님은 하나님의 아들이고, 나는 하나님의 딸이니께 오빠되것소? 동생되것소?"

어렵게 멈춘 웃음보가 더 크게 터지고 말았다. 모두가 깔깔대고 웃었다. 웃음은 절제가 안 될 정도였다. 어렵게 웃음을 절제하신 목사님께서 다시 물으셨다.

"자매님, 그렇게 대답하면 세례를 줄 수 없습니다."

"오메, 그러면 어떻게 대답해야 된다요?"

"네, 예수님은 나의 구원자가 되시고 나의 주인이 되십니다. 이렇게 대답해야 세례를 받을 수 있습니다."

자신의 머리를 자신의 주먹으로 '툭' 치면서 하는 말이다.

"오메, 오메, 우리 전도사님이 혀가 닳도록 그렇게 가르쳐 주셨는디 이 멍청이가 깜박해 불고 오빠라고 엉뚱한 이야기를 해부렀구만이요잉."

그렇게 고백한 후에 그 여자 성도님은 그날 밤 세례를 받았다. 이분의 시인과 고백이 그녀를 구원했다고 생각하는가? 아니면 믿음에 있어서 시인과 고백보다 더 중요한 요소가 그녀에게 필요하다고 생각하는가?

세례에 얽힌 이야기들이 많다. 한 가지만 더 소개하면 이렇다. 나이 많은 시어머니가 세례문답 받으러 갈 때 며느리가 시어머니에게 날마다 가르친 내용이 이렇다.

"어머니, 목사님께서 어머님에게는 어려운 것은 안 물어보실거예요. 이것만 대답하면 세례 받으실 수 있어요. '할머니, 예수님이 누구를 위해서 십자가에서 죽으셨나요?'라고 물으시면 어머님은 무조건 나 때문에 죽으셨다고 대답하시면 되요."

그 며느리는 매일매일 시어머니에게 이렇게 가르쳐 주었다. 문답하러 가는 시어머니에게 며느리는 동일한 내용을 말씀드리고 당부했다. 문답을 받는 시간에 그 할머니에게 목사님이 물으셨다.

"할머니, 예수님이 누구 때문에 돌아가셨습니까?"

할머니는 지체하지 않고 대답한다.

"네, 우리 며느리 때문에 돌아가셨습니다."

"할머니, 그러시면 며느리가 와서 세례 받아야 되겠네요. 할머니에게 세례를 줄 수가 없습니다."

"그러면 어떻게 대답해야 된답니까?"

"나 때문에 돌아가셨다고 대답해야 됩니다."

"아이고, 우리 며느리가 하는 말이 바로 그 말이었는데 제가 잘못 알았네요. 예수님이 나 때문에 돌아가셨습니다."

그 주일에 시어머니는 세례를 받았다. 당신은 이 할머니의 고백이 할머니를 구원했다고 생각하는가? 아니면 믿음에 있어서 고백보다 더 중요한 요소가 할머니에게 필요하다고 생각하는가?

주의 이름으로 선지자 노릇하며

목사는 정규신학공부를 이수하고 강도사고시와 목사고시를 합격한 자에게 안수하여 임직한다. 임직 후에 "아무개씨는 아무개 노회 목사가 된 것을 성부와 성자와 성령의 이름으로 공포하노라"고 선언함으로 임직이 이루어진다.

장로, 안수집사, 권사도 마찬가지로 성부와 성자와 성령의 이름으로 공포함으로 임직이 이루어진다.

대부분의 사람들은 직분을 보고 신앙인이라고 인정한다. 그러나 "직분 = 바른 믿음" 이런 공식은 성립되지 않는다. 바른 믿음과는 전혀 다른 믿음을 가진 자들이 주의 이름으로 선지자 노릇할 수 있기 때문에 직분을 보고 인정하지 말라고 예수님은 말씀하신 것이다.

오늘날 매스컴에 오르내리는 많은 성직자들이 있다. 교회 이미지를 추락시키는 그들을 보면서 '저들의 믿음이 과연 바른 믿음일까?'라는 의구심을 떨쳐버릴 수가 없다. 그래서 예수님은 우리들에게 이렇게 당부하신다.

"거짓 선지자들을 삼가라 양의 옷을 입고 너희에게 나아오나 속에는 노략질하는 이리라"(마 7:15)

이 말씀의 의미가 무엇인가? 직분과 바른 믿음은 다르다는 것이다. 그러므로 직분을 보고 믿음을 인정하지 말라고 하신 것이다.

주의 이름으로 귀신을 쫓아내며

전도사 시절부터 귀신들린 자들을 많이 쫓아냈다. 귀신들린 자들을 쓰러뜨리고 나가면 기분이 좋았다.

'나는 진짜 하나님의 자녀구나!'

'나는 진짜 주의 종이구나!'

확신과 자부심이 들었다. 그런데 오늘 본문을 보니 주의 이름으로 귀신을 쫓아낸다고 해서 그들의 믿음을 진품이라고 인정하지 말라고 하신다.

솔직히 이 점에 대해서는 받아들이기 어려웠다. 어떻게 바른 믿음을 갖지 않은 자들이 귀신을 쫓아낼 수 있단 말인가? 구원받지 못한 자들이 어떻게 귀신을 쫓아낼 수 있단 말인가? 이해가 되지 않았다. 이 부분을 해석하기가 가장 힘들고 어려웠다.

"어떻게 구원받지 못한 자가 귀신을 쫓아낼 수 있습니까? 하나님, 정말 이해가 안 됩니다."

나는 이렇게 하나님에게 따져 물었다. 하나님은 침묵으로 일관하셨다.

그런데 창세기에서 요한계시록까지 순서대로 여러 번 반복해서 읽다 보니 이 부분에 대한 의문점을 빌립보서 2장의 말씀을 읽어 내려갈 때 비로소 깨닫게 해 주셨다. 특히 9절과 10절을 읽을 때 눈이 확 열리기 시작했다.

"이러므로 하나님이 그를 지극히 높여 모든 이름 위에 뛰어난 이름을 주사 하늘에 있는 자들과 땅에 있는 자들과 땅 아래에 있는 자들로 모든 무릎을 예수의 이름에 꿇게 하시고"

'아하, 그렇구나! 하나님이 예수의 이름을 지극히 높여 하늘에 있는 자들과 땅에 있는 자들과 땅 아래 있는 자들로 하여금 예수의 이름 앞에 무릎을 꿇도록 이미 선언하셨구나! 예수의 이름이 그 일을 하고 계시는구나! 주의 이름으로 귀신을 명령하는 사람이 무서워서 귀신이 떠나가는 것이 아니라 예수의 이름이 무서워서 떠나가는구나!'

사람이 무서워서 귀신들이 쫓겨나가는 것이 아니다. 예수님의 이름이 그 일을 하고 계신 것이다. 왜냐하면 "예수의 이름 앞에 무릎을 꿇을지어다!" 라는 하나님의 엄중한 명령이 이미 선포되었기 때문이다.

그러기에 예수님은 귀신을 쫓아낸다고 해서 그들의 믿음을 인정하지 말라고 하신다. "귀신을 쫓아냄 = 바른 믿음"이라는 공식은 설립되지 않는다고 하신다. 귀신 쫓아냄과 바른 믿음은 별개라고 하신다.

주의 이름으로 많은 권능을 행하며

사람들은 주의 이름으로 표적과 기사를 행하면 아주 신령한 자들이라고 선뜻 믿는다. 그런데 예수님은 주의 이름으로 많은 권능을 행한다고 해서 바른 믿음의 소유자가 아니라고 하신다. 마태복음 24장 24절을 주의 깊게 살펴보라.

> "거짓 그리스도들과 거짓 선지자들이 일어나 큰 표적과 기사를 보여 할 수만 있으면 택하신 자들도 미혹하리라"

바로 거짓 그리스도들과 거짓 선지자들도 큰 표적과 기사를 보여주며 택한 자들을 미혹하기 때문이다. 많은 권능을 행하는 것과 바른 믿음은 별개라고 하신다. 양의 탈을 쓴 이리들도 권능을 행할 수 있기 때문이다.

"주여! 주여!"라고 신령하게 예수님을 부르는 자들, 주의 이름으로 선지자 노릇을 했던 자들, 주의 이름으로 귀신을 쫓아냈던 자들, 그리고 많은 권능을 행했던 자들은 스스로 바른 믿음의 사람이라고 생각한다. 더군다나 그들은 구원의 확신도 가지고 있다. 그런데 예수님은 그들을 향해 무엇이라고 하는가? 23절을 자세히 읽어보라.

> "그 때에 내가 그들에게 밝히 말하되 내가 너희를 도무지 알지 못하니 불법을 행하는 자들아 내게서 떠나가라 하리라"(마 7:23)

예수님은 이들을 가차없이 퇴출하신다. 왜냐하면 이들의 믿음은 진품처럼 보였지만 가짜였기 때문이다. 이들은 유사품에 속은 자들이다.

세상에서 억울한 사람은 부모님 묘소에 벌초하러 가서 하품을 하는 순간 왕벌이 입안에 들어와 목에 쏘임당한 사람이다. 이보다 더 억울한 사람은 평생 교회 앞에 살았는데 지옥 간 사람이다.

세상에서 가장 억울한 사람은 평생 교회 다녔는데 예수님 앞에서 퇴출당한 사람이다. 바로 유사품에 속은 사람이다. 그런데 예수님은 유사품에 속은 자들이 많다고 하신다. 당신의 믿음을 점검해 보라. 혹시 유사품 믿음을 붙들고 있지 않은가?

마음으로 믿는 신뢰와 입으로 시인하고 고백하는 것으로
믿음의 절차가 다 끝난 것처럼 생각하기도 한다.
이것은 믿음에 대한 매우 위험한 접근이다.

Chapter 3

믿음은 말장난이 아니다. 믿음은 종교 놀이가 아니다.
믿음은 예수님과 함께 살기 위해 출애굽하는 것이다.
떠나는 것이 믿음이다.

chapter 3
떠남

여호와께서 아브람에게 이르시되
너는 너의 고향과 친척과 아버지의 집을 떠나
내가 네게 보여 줄 땅으로 가라
창 12:1

유사품에 속지 않기 위해 우리는 늘 자기 자신을 향해 물어야 한다. '나의 믿음은 진품일까? 아니면 짝퉁일까? 나의 믿음은 바른 믿음일까? 아니면 다른 믿음일까?'

성경이 말하는 바른 믿음이 무엇일까? 성경 속으로 깊이 들어가 믿음의 광맥을 발견했으면 한다.

이신득의(以信得義)에 대한 말씀을 할 때마다 예로 등장한 인물이 바로 아브라함이다.

"성경이 무엇을 말하느냐 아브라함이 하나님을 믿으매 그것이 그에게 의로 여겨진 바 되었느니라"(롬 4:3)

"아브라함이 하나님을 믿으매 그것을 그에게 의로 정하셨다 함과 같으니라"(갈 3:6)

의롭다 함을 얻는 아브라함의 믿음은 어떤 믿음일까?

창세기 12장 1절을 주의 깊게 읽어보라. 익숙한 성경 본문일수록 낯설게 읽어 보아야 한다. 그래야 본문 속에 하나님의 깊은 의도를 볼 수 있게 된다.

"여호와께서 아브람에게 이르시되 너는 너의 고향과 친척과 아버지의 집을 떠나 내가 네게 보여 줄 땅으로 가라"

아브라함에게 요구한 믿음은 한 마디로 '떠남'이다. 고향을 떠나라, 친척을 떠나라, 아버지의 집을 떠나라는 것이다.

떠남이 믿음이다.

대부분의 사람들은 갈대아인의 우르에서 부름을 받은 자가 아브라함인 줄 알고 있다. 정말 그런가? 창세기 11장 31절을 자세히 살펴보라.

"데라가 그 아들 아브람과 하란의 아들인 그의 손자 롯과 그의 며느리 아브람의 아내 사래를 데리고 갈대아인의 우르를 떠나 가나안 땅으로 가고자 하더니 하란에 이르러 거기 거류하였으며"

아브라함이 부름 받기 전에 데라가 먼저 하나님의 부름을 받은 기록이 성경에 있다. 창세기에 기록된 사실로 보면 갈대아인의 우르에서 부름을 받은 자는 아브라함이 아니라 아브라함의 아비 데라였다. 데라는 가나안을 향해 가다가 하란에서 머무르고 만다.

왜 데라는 하란에 머물기를 원했을까? 데라의 고향은 갈대아인의 우르이다. 갈대아인의 우르는 당시에 대단한 도시였다.
터키 북쪽에서 이라크 쪽으로 흐르는 강이 두 개 있는데 하나는 유브라데스강이고 또 하나는 티그리스강이다. 이 두 강이 만나서 이루어진 도시가 우르이다. 이 땅이 얼마나 비옥했겠는가? 메소포타미아의 고도(古都)인 우르는 수메르왕국의 가장 큰 도시국가였다. 이런 도시에서 살던 데라가 하나님의 부름을 받고 가나안으로 향하여 가다가 그만 하란에 머무른다. 하란이라는 도시도 큰 도시였다. 길리기아와 앗수르, 아나톨리아(Anatolia)와 바벨론을 잇는 중요한 통상로의 교차점에 위치하며, 여기서 수리아의 통상로도 뻗었고 교역의 중계 도시로서 크게 번영한 곳이다. 데라의 생각으로는 가나안과는 비교가 안 되는 도시라서 그랬는지 모르지만 데라는 가나안을 향해 떠날 생각을 하지 않고 있었다. 하나님은 기다리다 지치셨다. 가나안을 향해 떠날 생각을 접어버린 데라의 마음을 보시고 하나님은 데라를 대신해서 아브라함을 부르신 것이다.

"여호와께서 아브람에게 이르시되 너는 너의 고향과 친척과 **아버지의 집을 떠나** 내가 네게 보여 줄 땅으로 가라"(창 12:1)

하나님은 아브라함에게 가나안을 향해 떠나가는 것을 포기한 "…아버지의 집을 떠나…"라고 하신다. 이 명령을 받은 아브라함은 지체하지 않고 떠난다.

데라와 아브라함을 비교해 가면서 성경은 말하고 있다. 그 이유가 무엇일까? 데라도 떠나라는 명령을 받았고, 아브라함도 떠나라는 명령을 받았다. 그런데 데라는 하란이 좋았다. 떠나기 싫었다. 그래서 거기서 주저앉고 만다. 그러나 아브라함은 즉시 떠난다. 성경은 이렇게 말한다. 아브라함은 믿음의 사람이라고, 믿음의 조상이 되었다고 말한다. 그러나 데라에게는 믿음의 사람이라고 말하지 않는다. 왜냐하면 데라는 떠남을 포기했기 때문이다. **떠남이 믿음이다.** 떠남의 믿음이 영광을 보게 될 것이다.

왜 떠나라고 하실까?

하나님이 천지를 창조하셨다. 그리고 에덴을 창설하셨다. 그리고 하나님이 가장 사랑하는 아담과 하와를 에덴에 살게 하셨다.

에덴에 살던 그들은 마귀의 유혹을 받아들임으로 하나님에게서 등을 돌렸다. 그리고 마귀의 말에 순종함으로 에덴을 떠나 죄와 저주의 늪 속에서 마귀의 노예가 되어 버렸다. 이제 에덴에는 백성이 없다. 왕 되신 하나님은 계시는데 그의 백성은 마귀의 유혹에 넘어가 마귀를 따라가 버렸다. 그러기에 에덴(하나님의 나라)에는 왕은 있는데 백성이 없다. 백성이 없는 왕은 행복할 수 없다.

하나님께서는 아브라함에게 "고향과 친척과 아비 집을 떠나 내가 네게 지시할 땅으로 가라"고 하신다. 지시할 땅은 가나안이었다. 가나안은 과거로는 에덴으로 상징되고, 미래로는 예수님의 품과 하나님의 나라를 상징한다. 하나님 나라의 왕이신 하나님께서 아브라함에게 "고향과 친척과 아비 집을 떠나 내가 네게 지시할 땅으로 가라"고 하신 것은 하나님의 나라로 이민초청을 하고 계신 것이다.

하나님의 나라로 이민초청을 거절한 데라는 가나안 사람인가? 하란 사람인가? 아브라함은 하란 사람인가? 가나안 사람인가? 바로 떠남이 신분과 소속을 바꾼다. 이것이 믿음의 능력이다.

하나님의 나라 반열에 들어가기 위해 모세도 궁을 떠난다. 이것이 모세의 운명을 바꾼 믿음이다.

> "믿음으로 모세는 장성하여 바로의 공주의 아들이라 칭함 받기를 거절하고 도리어 하나님의 백성과 함께 고난 받기를 잠시 죄악의 낙을 누리는 것보다 더 좋아하고 그리스도를 위하여 받는 수모를 애굽의 모든 보화보다 더 큰 재물로 여겼으니 이

는 상 주심을 바라봄이라 믿음으로 애굽을 **떠나** 왕의 노함을 무서워하지 아니하고 곧 보이지 아니하는 자를 보는 것 같이 하여 참았으며" (히 11:24-27)

라합도 이스라엘의 반열에 들어오기 위해 여리고를 떠난다. 이것이 라합의 믿음이다(약 2:25). 이 믿음이 라합의 가치를 바꾼다. 영향력을 바꾼다. 이 믿음이 신분과 소속을 뒤집는다. 일생을 얻게 하고 영원을 누리게 한다.

룻도 이스라엘의 반열에 들어가기 위해 모압을 떠난다. 이것이 룻의 믿음이다. 이 믿음이 신분과 소속을 바꾼다. 일생을 바꾸며 영원을 얻게 된다.

아브라함에게 하나님 나라에 이민초청을 하신 왕 되신 하나님은 오늘을 사는 나에게도 이민초청을 하고 계신다. 고향과 친척과 아비 집을 떠나 내가 네게 지시할 땅으로 가라고 하신다.
죄에서 **떠나** 의의 나라로 들어가라고 하신다.
저주와 불행의 자리에서 **떠나** 예수님 안으로 들어가라고 하신다.
마귀의 노예 자리에서 **떠나** 하나님의 아들의 자리로 들어가라고 하신다.
흑암의 권세에서 **떠나** 사랑의 아들의 나라로 들어가라고 하신다.
본질상 진노의 자녀에서 **떠나** 하나님의 왕국에서 사랑 받는 그리스도의 신부로 살라고 하신다.
그러나 오늘날 한국교회 안에는 떠나는 척 하는 이들이 너무 많다. 예수님 안에서 사는 척 하는 자들이 너무 많다.

소돔과 고모라를 떠났던 롯처럼 떠나야 한다.

가나안에 들어가기 위해 출애굽 하듯이 예수님의 품 안으로 들어가기 위해 떠나야 한다. 하나님 나라와 다른 세상에서 떠나야 한다. 죄에서 떠나야 한다. 사탄의 굴레에서 떠나야 한다. 떠남이 믿음이다.

한국교회 많은 신자들은 입만 예수님 안에 있고 생각과 몸통, 손과 발은 여전히 예수님 밖인 세상에 있다. 왜 그런가? 떠나지 않았기 때문이다. 당신은 어떤가? 성경은 이런 신자를 알곡이라 하지 않는다. 쭉정이라고 한다. 성경은 이런 신자를 좋은 곡식이라 하지 않는다. 가라지라고 한다. 복음서를 보라. 얼마나 많은 신자들이 구원의 확신을 가지고 주님 앞에 섰는가? 예수님은 그들을 향해 단호하게 말씀하신다. "나는 너희를 도무지 알지 못한다. 이 불법을 행하는 자들아 내게서 떠나가라."

예수님과 함께 천국을 살기 위해 떠나야 한다. 떠남이 믿음이기 때문이다. 믿음은 사도신경이나 주기도문을 줄줄 외우는 것이 아니다. 믿음은 말장난이 아니다. 믿음은 종교 놀이가 아니다. 믿음은 예수님과 함께 살기 위해 출애굽하는 것이다. 떠나는 것이 믿음이다.

믿음은 떠남이다.

누가 뭐라 해도 믿음은 떠남이다.

Chapter 4

당신의 주인은 누구인가?
실질적으로 당신을 움직이는 실체가 무엇인가?
당신 자신인가? 아니면 욕심인가? 아니면 재물인가?

chapter 4
주인 바꿈(1)

예수께서 대답하여 이르시되
진실로 진실로 네게 이르노니
사람이 거듭나지 아니하면
하나님의 나라를 볼 수 없느니라
(요 3:3)

    이 단원에서는 예수님 공생애 시절에 예수님께서 구원상담을 했던 내담자들에게 처방한 믿음을 살펴보고, 예수님께서 말씀하신 바른 믿음을 알아보려고 한다.
    예수님의 공생애 사역 중에 구원상담을 요청한 사람들이 있다. 먼저는 요한복음 3장의 니고데모이고, 그 다음은 마태복음 19장의 부자청년이며(누가복음 18장의 부자 관리와 마가복음 10장의 한 부자를 동일인으로 봤을 때), 누가복음 10장의 율법교사까지 모두 세 명이다. 즉 니고데모, 부자 청년, 율법교사이다.
    구원상담을 요청한 세 사람에게 예수님의 처방은 다르게 나타난다. 왜 그럴까? 내담자의 상태에 따라서 믿음을 처방해 주시기 위해서 그렇다.

니고데모

　니고데모는 바리새인이요 유대인의 지도자(요 3:1)이다. 그리고 예수님이 인정한 이스라엘의 선생(요 3:10)이다. 이런 그가 밤에 예수님에게 중요한 상담을 위해 찾아온 것이다. 그는 하나님께로부터 오신 선생인 줄 안다고 하면서 예수님을 랍비라고 부르며 예수님에게 다가선다. 상담을 하러 온 니고데모에게 주신 예수님의 처방은 요한복음 3장 3절이었다.

　　"예수께서 대답하여 이르시되 진실로 진실로 네게 이르노니 사람이 거듭나지 아니하면 하나님의 나라를 볼 수 없느니라"(요 3:3)

　이와 같은 처방을 니고데모는 이해할 수 없었다. 이렇게 장성했는데 어떻게 다시 모태에 들어갔다가 나올 수 있느냐고 반문한다. 이에 예수님은 "육으로 난 것은 육이요 영으로 난 것은 영"이라고 말씀하면서 성령으로 거듭나는 것을 말씀하셨다.
　구원은 오직 믿음으로 얻는다. 그렇다면 예수님께서 니고데모에게 처방해 준 거듭나야 한다는 것은 믿음의 어떤 면을 말씀해 주신 것일까? 구원 얻는 믿음을 나무로 비유한다면 거듭나야 한다는 믿음은 믿음의 나무에 씨(seed) 부분을 처방해 주신 것이다. 그러므로 거듭남이란 바로 씨 믿음인 것이다.
　조직신학에서 구원의 서정을 보면 거듭남(중생) 후에 믿음이 온다. 이런 측면에서 볼 때 거듭나야 한다는 처방은 믿음의 씨 부분을 말씀하신 것이다.

　니고데모는 예수님이 이스라엘의 선생으로 인정할 만큼 율법에 대해 많은 훈련을 받은 자인 것이 분명하다. 그는 유대인의 지도자로서 밤에 예수님을 찾아와 하늘에서 오신 랍비라고 할 만큼 눈이 열린 자였다. 이런 전후 사정과 예수님의 구원 처방을 살펴보면 가말리엘에게서 훈련받은 바울처럼 니고데모도 누군가에게 율법으로 훈련을 제대로 받은 자임이 분명하다. 예수님도 니고데모가 율법으로 잘 훈련된 자임을 보고 계셨다. 니고데모가 구원을 받기 위해 꼭 필요한 믿음의 요소는 거듭남이었음을 보신 것이다. 예수님은 바로 그 부분을 말씀해 주신 것이다. 니고데모에게 처방하신 거듭남은 믿음의 씨 부분, 즉 씨 믿음을 처방해 주신 것이다.

부자청년

　부자청년이 예수님께 구원 상담을 요청했다. 마태복음 19장 16절이다.

　　"어떤 사람이 주께 와서 이르되 선생님이여 내가 무슨 선한 일을 하여야 영생을 얻으리이까"

　"내가 무슨 선한 일을 하여야 영생을 얻으리이까?" 라고 묻는 부자청년에게 예수님은 어떤 처방을 주시는가? 마태복음 19장 21절이다. 자세히 읽어보라. 두 가지 처방을 주신다.

"예수께서 이르시되 네가 온전하고자 할진대 가서 네 소유를 팔아 가난한 자들에게 주라 그리하면 하늘에서 보화가 네게 있으리라 그리고 와서 나를 따르라 하시니"

구원의 처방은 둘이다. 하나는 소유를 팔아 가난한 자들에게 나누어 주라는 것이고, 또 다른 하나는 나(예수님)를 따르라는 것이다.

이처럼 구원의 처방이 둘처럼 보이지만 사실 둘이 아니라 하나인 셈이다. 이 말씀을 이해하기 위해서는 마태복음 6장 24절을 보아야 한다. 그래야만 예수님의 처방을 이해할 수 있기 때문이다. 세밀히 읽어보라.

"한 사람이 두 주인을 섬기지 못할 것이니 혹 이를 미워하고 저를 사랑하거나 혹 이를 중히 여기고 저를 경히 여김이라 너희가 하나님과 재물을 겸하여 섬기지 못하느니라"

한 사람이 두 주인을 섬길 수 있는가? 예수님은 단호하게 두 주인을 섬길 수 없다고 하신다. 특히 하나님과 재물은 겸하여 섬길 수 없다고 하신다.

예수님은 부자청년의 내면을 들여다보고 계셨다. 부자청년의 주인은 재물이었다. 그는 재물의 노예가 되어 휘둘림을 당하고 있었다. 그는 스스로 부자라고 뽐내며 살고 있었지만 예수님은 폭군과 같은 재물에 의해 그의 영혼이 난도질당하고 있음을 보고 계셨다. 그의 인생의 내면은 삭개오와 비슷하게 공허함과 무의미함에

사로잡혀 있었다. 그러기에 그는 예수님을 찾아와 상담을 요청하게 되었던 것이다. 그러나 그의 인생은 그의 주인이 된 재물에 묶여 있었다.

그가 살 길은 오직 하나 뿐이었다. 주인을 바꾸는 것이다. 그래서 예수님은 "…네 소유를 팔아 가난한 자들에게 나누어 주고 너는 나를 따르라…"고 단호하게 살 길을 말씀하신다. 영생의 원리를 처방해 주신 것이다. 이 처방을 한 마디로 요약한다면 "주인 바꾸라"는 말이다. 이 처방을 이해하기 쉽게 풀어서 표현한다면 이렇다.

"너는 안타깝게도 재물의 노예가 되어 난도질당하고 있구나. 재물은 섬겨야 할 주인이 아니라 다스려야 할 것들이란다. 가장 가치 있게 사용하라. 가난한 자들에게 나누어 주고 너는 나를 따르라. 그러면 너도 나와 함께 유업을 이을 상속자가 될 것이다. 땅의 재물과 비교도 되지 않는 상급과 유업을 누리게 될 것이다."

구원의 처방을 받은 청년은 어떤 결단을 내렸는가?

"그 청년이 재물이 많으므로 이 말씀을 듣고 근심하며 가니라"(마 19:22)

부자청년은 근심하며 떠나고 말았다. 사실 부자청년은 주인을 바꾸지 않은 것이다.

예수님께서 부자청년에게 처방한 믿음이 무엇인가? 니고데모에게 처방한 믿음이 씨 믿음이었다면 이 청년에게 처방한 믿음은 싹 믿음이라고 할 수 있다. 바로 "주인 바꾸라"는 회심의 믿음을 처방하신 것이다.

주인 바꿈을 무엇을 보고 알까?

예수님은 주인을 바꾸었는지 삶을 통해 보신다. 열매로 보신다. 부자청년과 대조를 보인 한 인물이 복음서에 등장한다. 누가복음 19장 1절부터 등장하는 인물, 삭개오이다. 그의 직업은 세리장이다. 또한 부자였다. 그는 재물이 많으면 행복할 줄 알았다. 재물이 그의 인생의 전부였다. 그는 오직 재물을 위해 살았다. 결국 부자가 되었지만 그의 영혼은 공허하고 허무했다. 불안해서 못 견딜 지경이었다. 재물을 많이 모았지만 잃은 것이 너무도 많았다. 그는 하나님을 잃었다. 형제 친척들도 다 잃었다. 그에게는 친구도 없었다. 심지어 그는 자기 자신까지도 잃었다. 그는 껍질 인생이었다. 이런 삭개오였다는 것을 보여주는 증거는 예수님을 향해 목말라 하는 그의 애절한 모습이다. 그는 예수님을 만나고 싶었다. 그러나 그는 키가 작고 사람이 많아 예수님을 볼 수 없었다. 예수님을 보기 위하여 할 수 없이 어른 체면 다 내려놓고 돌무화과나무에 올라갔다. 마침 그곳을 지나가던 예수님께서 그리로 지나가시다가 "…삭개오야 속히 내려오라 내가 오늘 네 집에 유하여야 하겠다…"(5절)라고 하셨다. 웬 은혜인가? 삭개오는 급히 내려와 즐겁게 예수님을 영접했다. 삭개오의 집에 들어오신 예수님 앞에 삭개오는 믿음의 결단을 내린다. 중대한 선언이었다. 삭개오의 믿음의 고백, 8절 말씀을 주의 깊게 읽어보라.

"삭개오가 서서 주께 여짜오되 주여 보시옵소서 내 소유의 절반을 가난한 자들에게 주겠사오며 만일 누구의 것을 속여 빼앗은 일이 있으면 네 갑절이나 갚겠나이다"

자신의 소유의 절반을 가난한 자들에게 주겠다고 한다. 누구의 것을 속여 빼앗은 일이 있으면 네 배나 갚겠다고 한다. 그렇다면 여기서 한 번 깊이 생각해 보자. 자기가 가진 소유의 절반은 가난한 자들에게 나누어 주고, 속여 빼앗은 것은 네 배나 갚아 주고 나면 삭개오에게 남은 재물이 얼마나 될까? 아마 아무것도 남지 않을 것이다. 이것이 무엇을 의미하는가?
"예수님, 이제 저는 주님만 계시면 충분합니다. 주님 이외에는 제게 아무것도 필요치 않습니다. 이제 저의 주인은 예수님입니다" 라는 고백이다. 예수님을 만난 삭개오는 재물에 대해서 완전히 등을 돌렸다. 재물을 다스림으로 이런 회심의 믿음을 보여 준 것이다. 이 믿음을 보신 예수님은 지체하지 않고 선언하신다.

9절을 주의 깊게 읽어보라.

"예수께서 이르시되 오늘 구원이 이 집에 이르렀으니 이 사람도 아브라함의 자손임이로다"

재물을 취급하는 부자청년의 모습을 통해 예수님은 재물이 그의 주인임을 보셨고, 재물을 하나님 계명의 원리대로 사용하는 삭개오의 모습을 통해 주인을 바꾼 회심의 믿음을 보셨다. 그렇다면 하나님은 주인 바꾼 회심의 믿음을 무엇을 보고 아실까? 말라기 3장 7절과 8절을 주의하여 읽어보라. 그 말씀 속에서 질문에 대한 확실한 답을 보게 될 것이다.

"만군의 여호와가 이르노라 너희 조상들의 날로부터 너희가 나의 규례를 떠나 지키지 아니하였도다 그런즉 내게로 돌아오라 그리하면 나도 너희에게로 돌아가리라 하였더니 너희가 이르기를 우리가 어떻게 하여야 돌아가리이까 하는도다 사람이 어찌 하나님의 것을 도둑질하겠느냐 그러나 너희는 나의 것을 도둑질하고도 말하기를 우리가 어떻게 주의 것을 도둑질하였나이까 하는도다 이는 곧 십일조와 봉헌물이라"

이 말씀 중에 가장 핵심이 되는 말씀이 무엇인가? "내게로 돌아오라 그리하면 나도 너희에게로 돌아가리라"이다. 하나님은 구원 초청을 하고 계신다. 하나님은 회심을 요구하고 계신 것이다. 그런데 아이러니하게도 이스라엘 백성들은 스스로 하나님 안에 있는 자들이라는 확신을 가지고 있었다. 그런데 하나님은 자신 안에 있지 않다고 하나님 품으로 그들을 부르고 계신 것이다. "내게로 돌아오라. 그리하면 나도 너희에게로 돌아가리라"고 하신다. 이 말을 들은 그들이 "…우리가 어떻게 해야 돌아가리이까?"라고 다시 물었을 때 하나님 품으로 돌아가는 방법으로 제시하신 것이 십일조와 헌물이었다. 바로 십일조가 "재물이 나의 주인이 아니라 하나님이 나의 주인입니다"라는 신앙고백인 것이다. 이런 측면에서 십일조가 중요한 의미를 지닌다. 혹자는 이렇게 말한다. "십일조는 율법이기 때문에 은혜시대 즉 신약시대에는 할 필요가 없다"고 말이다. 그러나 성경을 보면 십일조는 율법이 생겨나기 전부터 했었다. 십일조는 아브라함부터 했었다. 그리고 예수님도 십일조 하라고 말씀하신다.

"화 있을진저 너희 바리새인이여 너희가 박하와 운향과 모든 채소의 십일조는 드리되 공의와 하나님께 대한 사랑은 버리는도다 그러나 이것도 행하고 저것도 버리지 말아야 할지니라"(눅 11:42)

신약시대에 십일조를 해야하는 또 한 가지 근거를 제시한다면 말라기 3장이다. 말라기 3장은 구약의 선지자 말라기가 전한 구약성경이지만 1절부터 보면 신약시대에 전개될 일들을 예언하고 있다. 말라기 3장은 구약성경이지만 신약시대를 예언하는 장이다. 그러므로 말라기 3장은 신약시대를 사는 그리스도인들에게 중요한 삶을 말씀하고 계신 것이다. 확인해 보자. "만군의 여호와가 이르노라 보라 내가 내 사자를 보내리니 그가 내 앞에서 길을 준비할 것이요…"라는 말씀은 세례요한을 지칭하는 말이고 그의 사역에 대해 말씀하는 것이다. "주가 갑자기 그의 성전에 임하시리니 곧 너희가 사모하는 바 언약의 사자가 임하실 것이라"(말 3:1)는 말씀은 메시야를 지칭하는 내용이다. 그러므로 세례요한이 메시야의 오실 길을 예비하고 메시야가 등장하는 신약시대를 예언하고 있다는 점에 유의해야 한다.

말라기 3장 7-8절에서는 십일조와 헌물을 드리는 삶을 보고 당신 품에 있는 자인지 그렇지 못한 자인지를 구분한다는 말씀이다. 마치 부자청년과 삭개오의 재물을 다루는 모습을 보고 누가 진짜 믿음을 소유한 자인지 그렇지 못한 자인지를 구분하듯이 말이다. 하나님은 오늘도 주인 바꾼 회심의 믿음을 십일조를 통해 보고 계신다. 이런 측면에서 십일조 헌금은 중요한 의미를 지닌다. 십일조는 복의 그릇이라기보다 구원의 그릇인 셈이다.

너무 비약적인 해석은 아닌가?

비행기에서 낙하산 타고 뛰어내려 전투하는 자들을 특전사요원들이라고 한다. 이들의 훈련 중에 10m 높이에서 뛰어내리는 훈련이 있다. 10m 높이를 처음에 올라가면 죽을 것만큼 공포감을 느낀다. 사람이 공포감을 가장 많이 느끼는 높이가 10m 라고 한다. 그러니까 가장 공포감을 많이 느끼는 자리에서 계속 뛰어내리는 훈련을 받는 것이다. 그 높이에서 공포감을 느끼지 않고 편하게 뛰어내릴 수 있는 사람은 아무리 높은 곳에서도 편한 마음으로 뛰어내릴 수 있기 때문이다. 혹자는 십일조를 가리켜 이렇게 말한다.

"십일조란 교인들이 돈에 대해서 가장 공포를 느끼는 10m점프대다."

사람은 하나님이 주인이 아니면 재물이 주인이다. 중간 지대에 사는 사람은 없다. 하나님을 섬기지 않는 사람은 재물을 섬기는 사람이다. 둘을 함께 섬기는 것은 불가능하다고 예수님은 분명히 말씀하셨다.

그러나 대부분의 사람들은 돈을 어떻게 생각하는가? 자신의 인생을 행복하게 만드는 확실한 수단으로 생각한다. 그리고 자신의 힘을 과시할 수 있는 깃발로 생각한다. 한 걸음 더 나아가 자신의 안전을 지켜주는 확실한 방패막이요, 자신의 생명과 건강까지도 보장해 줄 수 있는 절대적인 존재로 생각한다. 바로 돈이 주인이요, 돈이 신인 것이다. 이렇다 보니 돈의 횡포가 심해지고 돈은 인간을 지배하는 폭군이 되어 버렸다. 돈의 힘 앞에 국가도 무릎을 꿇는다. 돈의 위세 앞에서는 법도 제 기능을 발휘하지 못하는 것을 본다. 인간은 돈의 횡포에 자기 자신을 잃어버렸다. 돈이 웃으라고 하면 웃고, 돈이 울라고 하면 운다. 돈이 신이 되어 버렸다. 재물에 충성하면 행복이 올 줄 알았는데 행복이 아니라 돈의 횡포 앞에 만신창이가 되어버리고 만다. 바로 삭개오가 이것을 절실히 경험하고 그 굴레에서 빠져 나온 것이다.

사람은 돈과 끊을 수 없는 관계이다. 희노애락(喜怒哀樂), 오욕칠정(五慾七情) 같은 것들이 돈으로 인해서 발생한다. 사람은 돈 때문에 울고, 돈 때문에 웃는다. 돈은 아무도 피할 수 없는 현실이다. 돈을 남의 이야기처럼 하며 인생을 사는 사람은 이 땅에 한 사람도 없다. 그러므로 누구든지 자기가 어떤 인생인 줄 알려면 돈 앞에 서 보면 알 수 있다. 사람은 돈 앞에 설 때 그 사람의 인격이 드러난다. 사람이 돈 앞에 설 때 그 사람의 신앙이 드러난다. 돈이란 우리를 시험대에 올려놓는 것이다. 고(故) 옥한흠 목사님 설교 중에 기억되는 말이 있다.

"헌금만큼 신앙과 인격을 아는데 확실한 것은 없다. 헌금 앞에 세워보면 그 사람의 신앙을 정확히 알 수 있다."

혹자는 "헌금이야말로 우리가 어떤 사람인가를 과학적으로 밝혀 준다"고 한다. 돈을 가질 만큼 가진 자가 헌금하는데 인색하다면 자기 자신이 진짜 거듭난 사람인지 돌아봐야 한다. 왜냐하면 헌금이 그 사람의 신앙을 대변하기 때문이다. 그래서 말라기 3장 8절은 십일조헌금이 회심의 믿음을 대변한다고 증언하고 있다.

봉헌물은 왜 빼놓고 말하는가?

말라기 3장 8절에서는 십일조와 봉헌물이 회심의 믿음을 대변한다고 증언하고 있다.

"…이는 곧 **십일조**와 **봉헌물**이라…"

그런데 왜 봉헌물에 대해서 빼놓고 말하느냐는 것이다. "나의 주인은 재물이 아니고 하나님입니다"라는 신앙고백으로서 십일조는 이해가 되는데 봉헌물은 무엇일까?

예수님이 나의 주인이 되셨다면 나의 몸도 주님의 것이다. 또한 내가 가진 재물도 주님의 것이다. 소득의 십분의 일만 주인의 것이 아니라 십의 십 모두가 주님의 것이다. 그렇다고 받은 물질을 모두 다 하나님께 헌금하라는 말이 아니다. 받았으니 다 드리고 수도승이 되라는 말이 아니다. 그리스도인들은 받은 것만큼 사용할 수 있는 특권을 주인으로부터 물려받은 자들이다. 동시에 주인의 뜻에 따라 사용할 사명과 의무를 받은 자이기도 하다. 그리스도인들은 받은 물질을 잘 관리하고 사용하도록 부름받은 소명자들이다.

그러므로 물질을 하나님이 원하는 대로 사용하는 사람을 보면 '아하, 저 분은 진짜 하나님을 따르는 사람이구나!' 라는 생각이 든다. 그런데 그렇지 못한 사람들을 보면 '아하, 저 분은 돈이 주인인 사람이구나!' 라는 생각이 든다. 그러므로 나의 믿음이 진품인지를 알고 싶으면 물질 앞에 자신을 세워보면 알 수 있다. 몸이 하나님 앞에 드려졌다면 물질도 드려진 존재이다. 삶의 열매를 보면 회심의 믿음이 보이는 것이다. 이런 측면에서 봉헌물이 구원받은 자로서 중요한 표식이 된다. 받은 물질을 사용하는 것을 보면 재물이 주인인지 하나님이 주인인지 알 수 있기 때문이다.

율법교사

누가복음 10장 25절부터 보면 어떤 율법교사가 예수님을 시험할 의도를 가지고 예수님께 나와서 이렇게 묻는다. "…선생님 내가 무엇을 하여야 영생을 얻으리이까?" 예수님께서는 "율법에 무엇이라 기록되었으며 네가 어떻게 읽느냐?" 라고 반문하신다. 율법교사가 "대답하여 이르되 네 마음을 다하며 목숨을 다하며 힘을 다하며 뜻을 다하여 주 너의 하나님을 사랑하고 또한 네 이웃을 네 자신 같이 사랑하라 하였나이다"라고 대답한다.

예수님은 율법교사에게 "…네 대답이 옳도다 이를 행하라 그러면 살리라…"고 처방하신다.

그 율법교사가 자기를 옳게 보이려고 예수님께 다시 묻는다. "…그러면 내 이웃이 누구니이까?"

예수님께서 다시 묻는 율법교사에게 다음과 같은 이야기를 하신다. 누가복음 10장 29절에서 37절까지다. 예수님이 말씀하신 이 이야기는 좋은 이웃이 되라는 이야기가 아니다. 많은 사람들은 이 이야기를 선한 사마리아인의 비유라고 하지만 사실 이 이야기는 진짜 믿음과 가짜 믿음을 보여주는 이야기이다. 누가 종교인이며 누가 신앙인인가를 보여주는 이야기이다. 누가 바른 믿음의 소유자이며 누가 다른 믿음의 소유자인가를 보여주는 이야기이다. "무엇을 하여야 영생을 얻으리이까?"에 대한 대답으로서의 비유임을 놓쳐서는 안 된다. 주제가 영생이며 영생을 얻을 수 있는 참 믿음을 보여주는 이야기임을 생각하면서 주의 깊게 읽어보라.

"그 사람이 자기를 옳게 보이려고 예수께 여짜오되 그러면 **내 이웃이 누구니이까** 예수께서 대답하여 이르시되 어떤 사람이 예루살렘에서 여리고로 내려가다가 강도를 만나매 강도들이 그 옷을 벗기고 때려 거의 죽은 것을 버리고 갔더라 마침 한 **제사장**이 그 길로 내려가다가 그를 보고 피하여 지나가고 또 이와 같이 한 **레위인**도 그 곳에 이르러 그를 보고 피하여 지나가되 어떤 **사마리아 사람**은 여행하는 중 거기 이르러 그를 보고 불쌍히 여겨 가까이 가서 기름과 포도주를 그 상처에 붓고 싸매고 자기 짐승에 태워 주막으로 데리고 가서 돌보아 주니라 그 이튿날 그가 주막 주인에게 데나리온 둘을 내어 주며 이르되 이 사람을 돌보아 주라 비용이 더 들면 내가 돌아올 때에 갚으리라 하였으니 네 생각에는 이 세 사람 중에 누가 강도 만난 자의 이웃이 되겠느냐 이르되 자비를 베푼 자니이다 예수께서 이르시되 가서 너도 이와 같이 하라 하시니라"

예수님은 이 이야기를 통해서 율법교사 및 바리새인과 서기관 그리고 제사장과 레위인들의 거짓된 신앙을 깨닫게 해주고 싶은 의도를 가지고 말씀하신다. 이 비유를 통해서 참 믿음의 실상을 보여주고 거짓 믿음의 실상을 드러내시고 싶었던 것이다. 당시에 율법교사나 제사장과 레위인들은 아브라함의 혈통으로 영생에 대한 확신을 가지고 살았다. 그러나 예수님이 보실 때 이들은 가짜였다. 그들의 믿음은 진짜 하나님이 원하는 믿음이 아니었기 때문이다. 예수님은 강도를 만나서 신음하는 자를 본 제사장과 레위인 그리고 사마리아인의 태도와 행위를 통해 누가 영생을 얻을 참 믿음을 소유하고 있는지를 보여주고 싶으셨던 것이다.

그리고 이 이야기는 비유라기보다는 실제 일어난 사건을 들어 이야기하고 있다고 보는 것이 더 설득력이 있다. 왜냐하면 당시에 제사장이나 레위인들은 혈통의 순수성을 지키지 못하고 혼혈이 된 사마리아인들은 자기들과는 전혀 다른 종자들로 생각하고 있었기 때문이다. 사마라아 사람들은 혈통의 순수성을 잃어버렸기 때문에 이들은 영생에 대해서는 거리가 먼 사람들이라고 인정하고 무시하며 살고 있었다. 그래서 유대인들은 사마리아인들과는 상종도 하지 않았다. 이런 상황에서 예수님은 노골적으로 그들이 무시하는 사마리아 사람을 영생을 얻는 참 믿음의 사람으로 드러내고 제사장과 레위인들은 거짓된 믿음을 가진 자로 드러내셨다. 이 이야기를 듣고도 아무런 반론이나 공격을 하지 않은 것으로 보아 이 이야기는 모든 사람들이 알고 있는 실제 일어났던 사건을 들어 말씀하셨다는 것을 알 수 있다.

강도 만나 신음하는 자를 두고 그냥 스쳐 지나간 제사장과 레위인은 종교 놀이하는 전형적인 종교인이었음이 드러난 것이다. 이들은 성전에서 봉사하고 성전을 위해 헌신한다고 하지만 실제적으로는 주인이 바뀌지 않은 자들이었다.

예수님께서 말씀하신 참 믿음은 마태복음 16장 24절이다. 그리고 마태복음 7장 20절에서는 믿음을 "열매로 알리라"고 하셨다. 이 말씀을 통해 그들의 믿음을 보면 누가 참 믿음의 사람인가? 십자가 복음으로 예수 그리스도와 연합되어 예수님을 따르는 자가 누구인가? 바로 사마리아 사람이다.

갈라디아서 2장 20절 말씀처럼 십자가 복음으로 예수님과 하나 되어 예수님과 함께 살고, 주인되신 예수님을 따라 사는 사람은 누구인가? 바로 사마리아 사람이다.

예수님은 이 이야기를 통해서 율법교사의 잘못된 믿음관을 깨닫게 하고 당시 제사장과 레위인들의 거짓된 믿음을 바로잡아주고 싶으셨던 것이다. 그리고 시험하려고 묻는 구원상담이었지만 예수님은 그 율법교사를 사랑하셨다. 그가 참 믿음으로 영생 얻기를 원하셨다. 그래서 구원얻는 참 믿음이 무엇인가를 사마리아인을 통해 보여주신 것이다. 예수님의 최종 처방은 이것이다. "가서 너도 이와 같이 하라"(37절 하반절)이다.

니고데모에게 말씀하신 처방은 씨 믿음(거듭남)이었다. 부자 청년에게 하신 처방은 싹 믿음, 즉 주인이 바뀐 회심의 믿음이었다. 율법교사에게 하신 처방은 주인이 바뀐 자들의 삶을 통해 드러난 열매 믿음이었다.

씨와 싹과 열매는 하나이듯이 세 사람의 내담자에게 하신 예수님의 처방은 다른 것처럼 보이지만 사실은 한 믿음의 처방인 것이다.

이렇듯 성경이 말씀하는 영생 얻는 믿음은 깊고 넓다. 그래서 성경은 믿음을 단순명료하게 "이것이 믿음이다"라는 짧은 문장으로 정의하지 않는다. 물론 히브리서 11장 1절에서 "믿음은 바라는 것들의 실상이다"라고 말한 곳이 있지만 사실은 이것도 믿음의 한 면을 정의한 것에 불과하다.

율법교사에게 영생을 얻기 위한 처방이 율법대로 살라는 말처럼 들릴 수 있지만 믿음의 열매 부분, 즉 주인이 바뀐 자의 삶을 말하고 있음이 분명하다. 그래서 주님은 열매로 그들을 알리라고 하신 것이다.

마태복음 25장 31절에서 46절까지에 나오는 양과 염소의 비유도 이런 측면에서 이해해야 한다. 자세히 읽어보라.

"인자가 자기 영광으로 모든 천사와 함께 올 때에 자기 영광의 보좌에 앉으리니 모든 민족을 그 앞에 모으고 각각 구분하기를 목자가 양과 염소를 구분하는 것 같이 하여 양은 그 오른편에 염소는 왼편에 두리라 그 때에 임금이 그 오른편에 있는 자들에게 이르시되 내 아버지께 복 받을 자들이여 나아와 창세로부터 너희를 위하여 예비된 나라를 상속받으라 내가 주릴 때에 너희가 먹을 것을 주었고 목마를 때에 마시게 하였고 나그네 되었을 때에 영접하였고 헐벗었을 때에 옷을 입혔고 병들었을 때에 돌보았고 옥에 갇혔을 때에 와서 보았느니라 이에 의인들이 대답하여 이르되 주여 우리가 어느 때에 주께서 주리신 것을 보고 음식을 대접하였으며 목마르신 것을 보고 마시게 하였나이까 어느 때에 나그네 되신 것을 보고 영접하였으며 헐벗으신 것을 보고 옷 입혔나이까 어느 때에 병드신 것이나 옥에 갇히신 것을 보고 가서 뵈었나이까 하리니 임금이 대답하여 이르시되 내가 진실로 너희에게 이르노니 너희가 여기 내 형제 중에 지극히 작은 자 하나에게 한 것이 곧 내게 한 것이니라 하시고 또 왼편에 있는 자들에게 이르시되 저주를 받은 자들아 나를 떠나 마귀와 그 사자들을 위하여 예비된 영원한 불에 들어가라 내가 주릴 때에 너희가 먹을 것을 주지 아니하였고 목마를 때에 마시게 하지 아니하였고 나그네 되었을 때에 영접하지 아니하였고 헐벗었을 때에 옷 입히지 아니하였고 병들었을 때와 옥에 갇혔을 때에 돌보지 아니하였느니라 하시니 그들도 대답하여 이르되 주여 우리가 어느 때에 주께서 주리신 것이나 목마르신 것이나 나그네 되신 것이나 헐벗으신 것이나 병드신 것이나 옥에 갇히신 것을 보고 공양하지 아니하더이까 이에 임금이 대답하여 이르시되 내가 진실로 너희에게 이르노니 이 지극히 작은 자 하나에게 하지 아니한 것이 곧 내게 하지 아니한 것이니라 하시리니 그들은 영벌에, 의인들은 영생에 들어가리라 하시니라"

양과 염소의 비유를 잘못 이해하면 행위 구원을 강조한 것처럼 보인다. 자선의 삶이 구원의 조건처럼 이해될 수 있다. 그러나 '천국이냐? 지옥이냐?' 결정하는 것은 '오직 은혜, 오직 예수, 오직 믿음'이다.

예수님은 양의 편에 선 자들의 삶을 통해 주인이 바뀐 상태를 보았다. 이들의 주인은 예수님이셨다. 그들은 주님의 마음으로 이웃을 대하고 있음을 본 것이다. 열매로 드러난 삶을 통해 씨 믿음을 보았고, 싹 믿음을 본 것이다.

예수님이 말씀하신 사마리아인의 비유도, 양과 염소의 비유 중에 양의 편에 선 자들도 주인이 바뀐 상태를 보여주고 있는 것이다. 바른 믿음은 주인 바뀜이다. 예수님이 주인인 사람들은 제사장이나 레위인처럼 살 수 없다. 염소 편에 선 자들처럼 살 수 없다. 사마리아인처럼 살아지게 되어 있다. 양의 편에 선 자들처럼 살아지게 되어 있다. 바른 믿음은 주인 바꿈이다. 사마리아인의 비유 중에 등장한 제사장과 레위인은 신앙인처럼 종교의식에 충성되었지만 여전히 그들의 주인은 자기 자신들이었다. 그들의 삶을 보면 거듭난 씨 믿음도, 주인이 바뀐 싹 믿음도 볼 수 없었다.

주인이 바뀌지 않은 상태에서 사도들의 신앙고백인 사도신경을 1만 번 고백한들 어떤 의미가 있겠는가? 종교의식에 불과할 뿐이다. 주인이 바뀌지 않은 상황에서 드린 예수 영접기도는 가식에 불과할 뿐이다. 주인이 바뀌지 않은 상태에서 시인과 고백이 어떤 의미가 있겠는가? 주인이 바뀌지 않은 상태에서 "예수님은 나의 구원자 나의 주인이다"라고 앵무새처럼 찬양한들 그 찬양이 어떤 의미가 있겠는가? 하나님께서는 삶의 열매를 통해 중심을 보고 계신다. 열매를 통해 씨 믿음과 싹 믿음을 보고 계신 것이다. 이것이 복음서가 말하는 바른 믿음이다.

새 주인과 함께 살기 위해 옛 주인에게 등을 돌리고 떠나는 것이 믿음이다. 동시에 주인 바꾸는 것이 믿음이다.
당신의 주인은 누구인가? 실질적으로 당신을 움직이는 실체가 무엇인가? 당신 자신인가? 아니면 욕심인가? 아니면 재물인가? 예수님이 주인이 되어 그 주인을 따라 살고 있다면 당신은 믿음의 사람이다. 믿음의 사람이라면 하나님의 나라를 풍성히 누리게 될 것이다.

주인 바꿈이 믿음이다.

"천국이냐 지옥이냐"를 결정하는 것은
오직 은혜, 오직 예수, 오직 믿음이다.

Chapter 5

하나님은 인간에게 먹을 권리도, 거절할 권리도 부여하셨다.
이것을 자유의지라고 한다.
하나님은 당신이 지은 피조물일지라도 인격적으로 사람을 대하신다.

chapter 5

주인 바꿈(2)

너희 자신을 종으로 내주어
누구에게 순종하든지
그 순종함을 받는 자의 종이 되는 줄을
너희가 알지 못하느냐
혹은 죄의 종으로 사망에 이르고
혹은 순종의 종으로 의에 이르느니라
롬 6:16

하나님께서 천지만물을 창조하셨다. 우주, 태양계, 지구, 식물, 동물, 인간, 에덴을 창조하셨다. 천지만물을 왜, 무엇 때문에, 누구를 위하여 창조하셨을까?

하나님은 자기의 형상대로 인간을 지으시고 행복을 누리며 거할 수 있는 에덴을 창설하신 후에 아담과 하와를 그곳에서 살도록 하셨다. 이것을 보면 천지만물을 왜, 무엇 때문에, 누구를 위하여 창조하셨는가를 알 수 있다.

우리들 입장에서 "하나님의 영광을 위하여…"라고 대답하겠지만 하나님의 입장에서는 "바로 너를 위하여, 너의 행복을 위하여…"라고 성경을 통해 말씀하신다.

선악과

하나님은 인간을 지으시기 전에 그 인간이 행복을 누리며 살 수 있는 아름다운 공간을 먼저 창조하시고, 그들의 먹을거리로 각종 나무의 열매들을 마련해 놓으셨다. 모든 것을 충분하게 준비해 놓으신 하나님은 아담과 하와에게 "동산 각종 나무의 열매는 네가 임의로 먹되 선악을 알게 하는 나무의 열매는 먹지 말라 네가 먹는 날에는 반드시 죽으리라"(창 2:16-17)고 하신다. 동산의 각종 나무의 열매들을 인류의 식물로 주시면서 선악을 알게 하는 나무의 열매를 먹지 말라고 하시는 이유가 무엇일까?

선악을 알게 하는 나무 열매를 먹지 말라는 말씀을 대하는 대부분의 사람들은 다양한 생각을 한다.

'선악과를 왜 만들어서 인간을 고생시킬까?'

'선악과가 그렇게 귀한 것이고 사람이 먹어서는 안 될 것 같으면 사람이 손 댈 수 없는 절벽이나 벼랑에다 심어놓을 것이지 열매 맺는 각종 나무 사이에 두어서 아담과 하와가 먹는 순간 하나님이 뒤통수 친 것 아닌가?'

'선악과를 만들지 않으셨다면 아담이 먹지 않았을 테고, 그러면 죄와 저주가 임하지 않았을 텐데….'

'선악과를 따먹을 줄 알면서 왜 동산 중앙에 두셨을까?'

왜 만드셨나?

무한하게 넓은 우주의 수많은 별들도 저마다 범주가 있고 운행 원리가 있다. 동식물도 범주가 있고 생존원리가 있다. 이렇듯 하나님이 창조한 모든 피조물들은 범주 안에서 생존원리에 따라 살아간다. 그렇다면 인간도 범주가 필요하지 않을까? 생존원리가 필요하지 않을까?

바로 선악과는 인간의 범주였고, 생존원리였다. 행복의 울타리였다. 생명과 행복의 울타리요, 가이드라인이었다.

선악과를 만들어 주신 이유가 한두 가지겠는가? 하나님의 측량할 수 없는 지혜에서 나온 선악과 안에 담겨 있는 하나님의 사랑과 의도를 우둔한 우리가 안들 얼마나 알겠는가?

다만 아담과 하와는 식사하기 위해 동산의 각종 나무의 열매를 채취하면서 선악을 알게 하는 나무의 실과도 보게 된다. 그 나무를 볼 때마다 그들은 무슨 생각을 하게 되었을까?

'아하! 하나님이 우리를 위해 천지만물을 창조해 주시고, 우리를 위해 에덴을 창설해 주시고, 계절 따라 각종 나무의 열매를 주셨구나! 하나님은 참 좋으신 분이야! 하나님께서 우리를 정말 사랑하시는구나! 할렐루야!'

이와 같은 마음이 들 때 그들은 행복감에 젖어들게 되었을 것이다. 아담과 하와 그리고 그 후손 대대로 이들은 선악을 알게 하는 나무의 실과를 보면서 하나님의 사랑과 하나님의 은혜 속에 사신들이 살고 있음을 알게 되었을 것이다. 그리고 이 땅의 주인은 자신들이 아니고 하나님이시라는 사실을 인지하게 되었을 것이다.

천지만물을 창조하신 하나님은 아담과 하와 그리고 그 후손들에게 만물을 다스리는 왕권을 주셨다. 그렇기 때문에 선악과라는 안전장치가 없으면 그들도 타락한 천사장과 천사들처럼 천방지축으로 뛰놀다가 무너질 것이 명약관화(明若觀火)했다. 하나님은 선악과를 통해 천지만물의 주인이 하나님 자신이라는 사실을 대대로 주지시켜 주고 싶으셨던 것이다. 선악을 알게 하는 나무의 열매를 먹지 말라고 하신 중요한 이유는 이것이다.

"만물의 주인은 네가 아니라 나란다."

"너의 주인도 네가 아니라 나란다."

선악과는 이 사실을 아담과 그 후손들에게 대대로 인식시켜 주는 계시였다.

선악과 먹는 것이 그렇게 큰 죄인가?

혹자는 "선악과 그 값이 얼마나 된다고 그거 하나 먹었다고 인간이 이렇게 비참하게 되는가?"라고 항변하기도 한다. 선악을 알게 하는 나무의 열매를 따 먹은 것이 그렇게도 큰 죄일까?

선악과를 따 먹는 일이 가볍지 않은 이유가 있다. 선악을 알게 하는 나무의 열매를 먹지 말라는 하나님의 말씀에 대해 등을 돌리고 마귀의 말을 받아들여 선악과를 먹은 사건은 가볍지 않은 사건이었다는 것을 성경은 어떻게 말씀하고 계시는가?

"너희 자신을 종으로 내주어 **누구에게 순종하든지 그 순종**

함을 받는 자의 종이 되는 줄을 너희가 알지 못하느냐 혹은 죄의 종으로 사망에 이르고 혹은 순종의 종으로 의에 이르느니라"(롬 6:16)

선악과를 먹는 행동이 무엇을 의미하는가? 하나님에 대해 등을 돌렸다는 의미요, 하나님의 주인 됨을 거절했다는 의미요, 마귀의 말을 받아들여 마귀를 주인 삼았다는 의미이다. 선악과를 먹는 행동이 주인 바꾸는 행동이었기에 큰 사건인 것이다.

하나님을 주인 삼고 살아갈 때 아담과 하와는 에덴을 누리며 행복한 나날들을 보냈다. 하나님과의 관계도 행복이요, 부부관계도 행복이며, 자신과의 관계도 행복이요, 자연과의 관계도 행복이었다. 빛이요, 즐거움이요, 만족함이었다. 부족한 것이 없었다. 그러나 하나님의 주인 됨을 거절하고 마귀를 주인 삼은 순간부터 아담과 그 후손들은 하나님과의 관계도 깨지고, 부부관계도 부서지고, 부모와 자식관계도 깨지고, 형제관계도 부서진다. 죄 덩어리가 되고, 저주 덩어리가 되고, 불행 덩어리가 되고, 사탄의 노예가 되어 살아간다. 인류가 이처럼 비참하게 된 원인은 주인을 바꾸는 데 있었다.

먹으려고 할 때 막아주지?

혹자는 '선악과를 먹는 사건이 이렇게 중요한 사건이면 먹으려고 할 때 중풍으로 쓰러뜨려서라도 먹지 못하도록 막아 주셨어야 하지 않았던가? 그 순간 하나님은 보고만 계셨다는 것이 아닌가?'라고 항변하기도 한다.

"선악을 알게 하는 나무의 실과를 따 먹지 말라"는 말씀 속에 깊은 내용이 내포되어 있다. 그것이 무엇인가?

"먹을 자유도 너에게 있다."

"먹지 않을 자유도 너에게 있다."

"선택에 따른 책임이 그 자유 속에 있음을 기억하라."

하나님은 인간에게 먹을 권리도, 거절할 권리도 부여하셨다. 이것을 '자유의지'라고 한다. 하나님은 당신이 지은 피조물일지라도 인격적으로 사람을 대하신다. 하나님은 인간에게 부여하신 자유 의지를 존중하신다. 하나님은 인간을 기계적으로 다루지 않으신다. 지금도 마찬가지이다. 예수 그리스도를 주인 삼고 살아가든지, 재물을 주인 삼고 살아가든지, 아니면 자기 자신을 주인 삼고 살아가든지, 선택할 수 있는 자유의지를 침해하지 않으신다. 그러나 선택에 따른 책임은 스스로 져야 한다.

에덴의 행복을 회복할 수 있는 길은 없는가?

어떤 젊은이는 그 선악과 있는 줄도 몰랐다고 펄펄 뛰면서 자신은 아담과 하와가 선악과 따 먹을 때 그 자리에 있지도 않았다고 항변하기도 한다.

이렇게 항변하는 젊은이에게 묻는다.

"젊은이가 이 세상에 태어나기 전에 어디에 있었는가?"

곰곰이 생각하더니 "엄마 뱃속에 있었습니다."
"그럼 엄마 뱃속에 있기 전에는 어디에 있었는가?"
한참을 생각하더니 "아버지 뱃속에 있었습니다."
"아버지 뱃속에 있기 전에는 어디에 있었는가?"
"할머니 뱃속에 있었습니다."
"할머니 뱃속에 있기 전에는 어디에 있었는가?"
"할아버지 뱃속에 있었습니다."
"할아버지 뱃속에 있기 전에는 어디에 있었는가?"
"증조할머니 뱃속에 있었습니다."
"여보게 젊은이 이렇게 계속해서 젊은이의 뿌리를 찾아 올라가면 누구 뱃속까지 올라가겠는가?"
"그야 아담이죠."

아담과 하와가 선악과를 먹음으로 주인 되신 하나님에게 등을 돌리고, 마귀의 말을 따름으로 마귀를 주인 삼는 그 순간에 우리의 모든 인류는 누구도 예외 없이 아담과 하와 속에 있었다. 그러므로 아담이 주인 되신 하나님을 향하여 등을 돌리는 순간 모든 인류는 아담과 함께 하나님이 우리의 주인 됨을 거부했다.

하나님을 주인으로 모시기를 거절한 인류는 마귀의 노예가 되고, 죄의 종이 되고, 물질의 종이 되고, 세상 쾌락의 종이 되고, 자기 자신의 종이 되었다. 다양한 주인에 얽매여 시달리며 그의 모든 행복을 난도질당하게 된 것이다. 사악한 폭군을 주인으로 삼는 순간부터 인간은 에덴의 행복을 송두리째 도둑맞고 비참해지기 시작했다.

주인을 바꿈으로 잃어버린 에덴을 회복할 수 있는 길이 무엇일까? 에덴을 잃은 이유와 에덴을 다시 얻는 길은 동일하다. 그것은 오직 하나이다. 그것이 무엇인가? 다시 주인을 바꾸는 것이다.

예수님께서 공생애를 시작하시면서 "회개하라 천국이 가까이 왔느니라"고 복음을 전하셨다. 여기서 예수님이 말씀하시는 회개의 의미가 무엇일까? 잘못을 뉘우치고 눈물 흘리며 용서해 달라고 빌라는 말일까? 아니면 거짓된 주인을 따라 살던 자리에서 돌아서서 참 주인 되신 자신에게 돌아오라는 말일까? 회개하라는 말은 참 주인인 자신에게 돌아오라는 말이다. 그러므로 회개하라는 말은 주인 바꾸라는 말이다.

그 동안 주인 삼고 살아온 다양한 우상들에 대하여 등을 완전히 돌리고 예수 그리스도를 주인 삼는 것이 믿음이다. 천지만물을 지으시고 우리를 가장 멋진 작품으로 창조하여 행복하기를 원하시는 예수 그리스도를 주인 삼는 것이 믿음이다.

사람이 주인이 된 교회, 희망이 있게 보이는가? 든든하게 보이는가? 장래가 밝게 보이는가? 자기 자신을 주인 삼고 사는 사람, 희망이 있어 보이는가? 얼마나 연약하게 보이는가! 재물을 주인 삼고 사는 사람, 희망이 있어 보이는가? 그들의 미래가 밝을 것 같은가? 세상의 쾌락과 욕망을 주인 삼고 사는 사람, 행복할 것 같은가? 그들의 미래가 어떤 모습으로 펼쳐질 것 같은가?

예수님이 주인 된 교회, 얼마나 희망 있게 보이는가! 얼마나 든든하게 보이는가! 예수님이 주인된 나, 얼마나 희망 있게 보이는가! 얼마나 든든하게 보이는가!

내가 내 인생의 주인이라면 나는 부자가 아니다. 나의 능력은 한계가 있다. 그러나 나의 주인이 예수님이라면 나는 가난한 자가 아니다. 나는 무능력한 자가 아니다. 희망이 없는 자도 아니다.

예수님을 주인 삼고 사는 자들을 통하여 주인 되신 예수님이 놀라운 일을 행하신다. 주인 바꾸는 것이 믿음이다.

Chapter 6

하나님은 우리들의 내면의 전적인 의탁을 입술로가 아닌 행동으로 보여주기를 원하신다.
열매로 보여주기를 원하신 것이다.

chapter 6
전적인 의탁

엘리사가 사자를 그에게 보내 이르되
너는 가서 요단강에 몸을 일곱 번 씻으라
네 살이 회복되어 깨끗하리라 하는지라
왕하 5:10

　왕의 군대장관이요, 큰 용사요, 구국공신이요, 크고 존귀한 자라는 명성을 한 몸에 지니고 사는 사람이 불치병에 걸렸다. 그 병은 나병이었다. 이 병에 걸린 자는 이방나라 사람인 나아만 장군이다. 그는 나병을 고치기 위해 백방으로 손을 써 봤지만 속수무책이었다. 나아만 장군의 몸종으로 일하는 히브리 어린 소녀가 있었다. 그 어린 소녀가 여주인에게 전한다.
　"우리 주인 나아만 장군께서 이스라엘에 계신 선지자 앞에만 가면 분명히 나병을 치료받을 수 있습니다."
　이 말을 들은 나아만 장군은 바로 아람 왕에게로 가서 허락을 받는다. 아람 왕은 이스라엘 왕에게 보낼 친서를 나아만 장군에게 써서 준다. 친서를 받아 든 나아만 장군은 국경을 넘어 이스라엘

전적인 의탁　107

왕궁으로 향한다. 왕이 써 준 친서를 이스라엘 왕에게 전달한다. 친서를 전달받은 이스라엘 왕은 "…그 글을 읽고 자기 옷을 찢으며 이르되 내가 사람을 죽이고 살리는 하나님이냐 그가 어찌하여 사람을 내게로 보내 그의 나병을 고치라 하느냐 너희는 깊이 생각하고 저 왕이 틈을 타서 나와 더불어 시비하려…"고 함이라고(왕하 5:7) 안절부절 못하고 있었다.

이런 왕궁의 소식을 들은 엘리사가 "…그 사람을 내게로 오게 하소서 그가 이스라엘 중에 선지자가 있는 줄을 알리이다…"(왕하 5:8)고 한다. 이스라엘 왕은 나아만 장군의 일행을 즉시 엘리사의 집으로 보낸다.

이상한 처방

엘리사의 집 문 앞에 이른 나아만 장군 일행에게 엘리사는 사자를 대신 보내어 나아만 장군이 나을 수 있는 길을 처방해 준다. 그 말씀이 열왕기하 5장 10절 말씀이다.

"…너는 가서 요단강에 몸을 일곱 번 씻으라 네 살이 회복되어 깨끗하리라 하는지라"

참으로 이상한 처방이었다. 이 말을 들은 나아만 장군은 노발대발하기 시작했다.

"나아만이 노하여 물러가며 이르되 내 생각에는 그가 내게로 나와 서서 그의 하나님 여호와의 이름을 부르고 그의 손을 그 부위 위에 흔들어 나병을 고칠까 하였도다 다메섹 강 아바나와 바르발은 이스라엘 모든 강물보다 낫지 아니하냐 내가 거기서 몸을 씻으면 깨끗하게 되지 아니하랴 하고 몸을 돌려 분노하여 떠나니"(왕하 5:11-12)

나아만 장군은 분노하며 몸을 돌려 아람 나라로 향했다. 그 때 나아만 장군의 종이 나아만 장군 앞으로 나와서 말한다.

"…내 아버지여 선지자가 당신에게 큰 일을 행하라 말하였더면 행하지 아니하였으리이까 하물며 당신에게 이르기를 씻어 깨끗하게 하라 함이리이까…"(왕하 5:13하)

나아만 장군은 가던 발길을 멈추고 잠시 생각에 잠겼을 것이다. 나아만 장군의 생각으로는 엘리사가 자기에게로 나와 서서 그의 하나님 여호와의 이름을 부르고 그의 손을 그 부위 위에 흔들어 나병을 고칠까 했었다. 그런데 요단강에 가서 몸을 일곱 번 씻으라니 이런 처방은 한 번도 들어본 적이 없는 처방이었다.
왕하 5장 9절을 보라. 나아만 장군이 처음에 어떤 모습으로 엘리사의 집 문 앞에 이르렀는가?

"나아만이 이에 말들과 병거들을 거느리고 이르러 엘리사의 집 문에 서니"

전적인 의탁

나아만 장군은 말들과 병거들을 거느리고 왔다. 즉 많은 호위병을 대동하고 온 것이다. 왜 이렇게 왔을까? 그 이유는 간단하다. 아람 나라와 이스라엘 나라는 동맹국이 아니다. 서로 전쟁하는 적대 국가이기 때문이다. 비록 병을 고치기 위해 국경을 넘어 왔지만 만일을 대비하여 호위병을 대동하고 온 것이다.

말들과 병거들을 대동하고 왔다면 나아만 장군은 어떤 옷을 입고 왔을까? 환자복일까? 아니면 갑옷을 입고 왔을까? 만약 갑옷을 입고 왔다면 칼을 옆구리에 차고 왔을 것이 분명하다. 이런 상황에서 요단강에 몸을 일곱 번 씻으라는 처방이 내려진 것이다.

이 처방에는 다분히 음모가 숨어 있을 수도 있었다. 요단강에 몸을 씻으려면 기본적으로 호위병들을 멀리 물러가 있게 해야 한다. 손에 든 칼을 내려놓아야 하고 갑옷을 벗어야 했다.

나아만 장군은 큰 용사요, 아람 나라를 위기에서 건져낸 구국 공신이기도 하다. 신라로 말하면 김유신 장군이요, 고구려로 말하면 을지문덕 장군이요, 조선으로 말하면 이순신 장군이다. 나아만 장군은 어리숙한 장수가 아니다. 이 정도의 장수라면 여기에 음모가 도사리고 있을 수 있다는 생각을 하지 않을 수 없었을 것이다.

그러나 나아만 장군은 엘리사의 처방대로 호위병들을 물러가 있게 했다. 칼을 내려놓았다. 갑옷을 벗기 시작했다. 그리고 병들어 썩어져 가는 몸을 씻기 위해 요단강으로 내려갔다.

이것이 바로 나아만 장군이 하나님에게 자신의 모든 것을 전적으로 의탁하고 있음을 보여주는 믿음이었다.

"하나님, 이스라엘 병사들을 시켜서 내 목을 치시든지 아니면 당신의 종의 말대로 나의 병을 고치시든지 나의 병든 몸 그대로를 하나님의 손에 올려놓겠습니다."

자신의 몸을 하나님께 온전히 맡기지 않고는 호위병들을 물러가게 할 수 없다. 칼을 내려놓을 수 없다. 갑옷을 벗을 수 없다. 이것이 바로 나아만 장군의 전적인 의탁이다. 이것이 바로 믿음이다.

요단강에 가서 몸을 일곱 번 씻으라는 처방은 "전적으로 너를 나에게 의탁할 수 있겠느냐?"를 물으신 것이다. 하나님은 구약이나 신약이나 누구에게도 이 믿음을 요구하고 계신다. 나아만 장군이 병든 몸을 가지고 왔을 때 "너의 몸을 온전히 나에게 의탁할 수 있겠느냐?" 이것을 물으신 것이다. 그리고 그 전적인 의탁을 입술의 고백이나 시인으로 알아보는 것이 아니라, 열매로 알아보기 위해 요단강에 몸을 일곱 번 씻으라고 하신 것이다. 하나님은 엉성하신 분이 아니다. 참으로 정교하고 세밀하신 분임을 볼 수 있다.

구도자의 마음으로 왔을 때
"너의 생명을 나에게 온전히 의탁하겠느냐?"
"너의 모든 것을 나에게 맡기겠느냐?"
"너의 인생을 나에게 의탁하겠느냐?"
이 물음 앞에 우리의 믿음을 어떻게 보여드려야 할까?

하나님은 우리들 내면의 전적인 의탁을 입술로가 아닌 행동으로 보여주기를 원하신다. 열매로 보여주기를 원하신 것이다.

내면의 전적인 의탁을 나아만 장군은 무엇으로 보여주고 있는가? 의지적인 결단과 행동(Action/액션)으로 보여주었다.

나병을 씻어주는 손길

"하나님, 이제 나를 죽이든지 살리든지 내 자신을 하나님의 손에 온전히 올려놓습니다."

나아만 장군은 이 믿음으로 호위병들을 물러가 있게 한다. 그리고 칼을 내려놓고 갑옷을 하나 둘씩 벗기 시작한다. 옷에 가려 나지 않았던 썩은 냄새가 코를 썩게 하는 것 같았다. 썩어 문드러진 피고름에 얽힌 옷을 피부에서 떼어내면서 자기 자신의 실상을 느낀다.

"아하, 이것이 바로 나였구나!"

전에는 군대장관이 나고, 큰 용사가 나고, 구국공신이 나고, 그래서 자기 자신은 크고 존귀한 자인 줄 알았는데… 이런 것들은 나를 가리고 포장하는 의복이었음을 발견하게 되었다. 나아만 장군은 썩어 문드러진 육체를 보고 느끼면서 똑같이 썩어 냄새나는 마음과 영혼을 보게 되었다.

자신의 모든 부끄러운 수치를 드러내 놓고 그는 요단강물로 발을 옮기기 시작한다. 강물이 별로 깨끗하게 보이지 않았다. 싸늘한 강물에 몸을 맡겼다. 그리고 썩어 문드러진 부분을 씻으려고 손을 움직이는 순간 자신의 손보다 먼저 움직이는 손이 있었다. 그 손길을 느끼는 순간 1천 볼트의 전기에 감전되는 것 같았다. 그 손길은 언제나 자신의 손보다 먼저 환부를 씻고 있었다. 그 손길이 병든 부분을 만지고 씻어줄 때 상상할 수 없는 인자와 자비를 느낄 수 있었다. 병든 부분을 씻어주며 이렇게 말씀하는 것이 아닌가?

"나아만아! 네가 더럽다고 외면한 이 강물에서 나는 너를 기다렸단다. 지금은 내가 이 물로 너의 병든 몸을 씻고 있지만, 때가 되면 나의 하나밖에 없는 독생자의 보혈로 너의 모든 죄와 저주를 씻어줄 것이다."

나아만 장군은 전적인 의탁의 강물에서 하나님을 진하게 만나게 되었다. 이처럼 요단강에서 벌어진 놀라운 사건들이 과연 성경을 근거로 하여 진행된 스토리인지를 확인해 보자.

왕하 5장 10절을 통해 엘리사는 씻으라고 했다.

"…요단 강에 몸을 일곱 번 씻으라…"

씻으라는 명령을 나아만 장군은 정확히 들었다. 12절을 보라.

"…내가 거기서 몸을 씻으면 깨끗하게 되지 아니하랴…"
"…하물며 당신에게 이르기를 씻어 깨끗하게 하라 함이리이까…"(왕하 5:13)

그런데 요단강에 내려가서 나아만이 한 일은 잠그는 일 뿐이었다. 14절을 보라.

"나아만이 이에 내려가서 하나님의 사람의 말대로 요단 강에 일곱 번 몸을 잠그니 그의 살이 어린 아이의 살 같이 회복되어 깨끗하게 되었더라"

전적인 의탁 113

엘리사는 씻으라고 했지만 나아만 장군이 그냥 잠그기만 했다면 나아만 장군은 믿는 척을 한 것이다. 믿는 척을 해서 하나님을 만날 수 있을까? 없다. 어린아이 살과 같이 나은 것은 나아만이 씻으려고 내려갔는데 그가 씻기 전에 먼저 움직이는 손길이 있었다는 것을 증명하고 있지 않은가?

또 다른 증거는 15절이다. 이 부분을 자세히 읽으면서 요단강에서 나아만 장군이 누구를 깊이 만났는지를 살펴보라.

"나아만이 모든 군대와 함께 하나님의 사람에게로 도로 와서 그의 앞에 서서 이르되 내가 이제 이스라엘 외에는 온 천하에 신이 없는 줄을 아나이다 청하건대 당신의 종에게서 예물을 받으소서 하니"

"…이스라엘 외에는 온 천하에 신이 없는 줄을 아나이다…" 나아만 장군이 요단강에서 누구를 깊이 만났는가? 바로 하나님이다.

또 다른 증거는 17절 말씀이다.

"나아만이 이르되 그러면 청하건대 노새 두 마리에 실을 흙을 당신의 종에게 주소서 이제부터는 종이 번제물과 다른 희생제사를 여호와 외 다른 신에게는 드리지 아니하고 다만 여호와께 드리겠나이다"

나아만 장군이 멋진 예배자로 세워진 모습을 보게 된다. 은혜를 체험한 자만이 할 수 있는 고백이다. 이 사실을 보면 그가 요단강에서 얼마나 하나님을 깊이 만났는가를 알 수 있다.

상상할 수 없는 하나님의 손길을 누가 경험하는가? 믿는 자이다. 어떤 믿음인가? 전적인 의탁이다. 의탁하는 척해도 안 된다. 온전한 의탁이다. 전적인 의탁이 믿음이다.

나아만의 하나님, 나의 하나님

나아만이 요단강에서 만난 주님을 나도 만난 경험이 있다. 중학교 2학년 때이다. 보건소에서 의사와 간호사 몇 명이 학교에 왔다. 학교의 모든 학생들을 운동장에 모이게 했다. 유관검진이 시작되었다. 얼굴의 혈색이 안 좋은 학생들 몇 명을 뽑아내었다. 그 중에 나도 포함되었다. 그 때 나는 회초리처럼 말라 있었다. 몇 가지 검진을 하더니 검진카드에 다음과 같이 써 놓고 갔다. '백동조 학생은 학생들과 함께 공부하면 안 될 지병이 있으므로 자퇴를 요망함.' 다음 날 학교에 가니 담임선생님이 나를 교무실로 부르시더니 "동조야, 너는 내일부터 학교 안 와도 돼. 너는 공부가 중요한 것이 아니야. 병을 고쳐야 산단다. 의사선생님들 말로는 세상 의학으로는 어렵다는구나."

다음날 나는 책가방을 챙겨들고 학교에 갔다. 각 과목마다 선생님들이 출석을 부르는데 내 이름을 부르지 않았다. 점심시간에 교무실에 가서 우리 반 출석부를 확인해 보았다. 백동조라는 내 이름 위에 붉은 볼펜으로 두 줄이 그어져 있었고 '자퇴'라고 적혀 있었다. 큰 충격이었다. 그래도 나는 학교에 가는 것을 멈출 수가 없었다. '내가 만약 여기서 공부하는 것을 멈춘다면 우리 어머니의 눈에 눈물을 누가 닦아 준단 말인가?' 거의 한 달쯤 학교에 나가니 우리 반 아이들이 "어어, 쟤 또 학교 왔네" 하며 다 나를 멀리했다. 가장 가까운 친구들도 나를 외면했다. 외롭고 서러웠다.

동네 공터에서 아이들과 공놀이를 하고 있을 때면 동네 아주머니들이 와서 자기 자녀들을 데리고 가면서 나를 향해 "쯧-쯧-쯧…"하며 혀를 찼다.

계속 학교에 나가니 선생님이 내 자취방에 어머니가 오신 줄을 아시고 가정방문을 오셨다. 어머니에게 나에 대한 말씀을 다 하셨다. 그 말을 들은 어머니의 얼굴이 창백해졌다. 선생님이 가시고 난 뒤, 어머니는 내 손을 붙잡고 이렇게 말씀하셨다.

"동조야! 너는 죽지 않아. 기도하는 자식은 망하는 법이 없어. 나는 항상 머리 아파 수건으로 머리를 동여매고 살았잖아. 이제는 그러지 않아도 돼. 진통제를 먹지 않아도 돼."

"왜?"

"하나님이 나를 고쳐주셨어. 나를 고쳐주신 하나님은 너도 고쳐주실 거야. 하나님이 너를 크게 쓰시려고 연단하시는 거야. 두고 봐! 하나님이 너를 멋지게 쓰시려고 그래. 낙심하지 마라. 절망하지 마라."

그 다음 날 어머니는 "학교에 가지 말고 나 따라서 갈 데가 있다"고 하셨다. 나를 데리고 광주 YWCA 뒤에 있는 성일교회로 데리고 가셨다. 교회 안에 들어가 보니 강단 뒤에 '심령부흥회'라는 글씨가 붙어 있었다. 부흥집회에 나를 데리고 가신 것이다. 낮 시간이기에 학생은 나 혼자 뿐이고 모두 다 어른들이었다. 강사님이 설교하시다가 나를 지목하여 나오라고 하셨다. 심장이 멈추어 버리는 것 같았다. 거절할 수 없어 떨리고 어색한 모습으로 강단 위로 올라갔다. 갑자기 목사님이 나를 업어 주시는 것이 아닌가? 놀라운 일이었다. 항상 외면당하고 버림받던 내가 선택 받아 강단에 올라온 것만 해도 놀라운 일인데, 이렇게 귀한 목사님이 세상에 나를 업어 주시다니!

목사님은 회중을 향해 이렇게 말씀하셨다.

"여러분, 우리 예수님은 우리의 목자가 되셔서 걸을 힘이 없거나 병든 양은 이렇게 업어서 인도하십니다."

목사님의 등에 업힌 내가 이렇게 속으로 말했다.

'목사님, 바로 내가 그런 양입니다.'

많은 사람 중에 나를 선택하여 업어주신 목사님이 왠지 모르게 좋았다. 속으로 이렇게 다짐하고 있었다.

'목사님, 많은 사람들 중에 보잘것 없는 나, 병든 나를 업어주신 것 감사합니다. 내가 목사님께 보답할 수 있는 길은 목사님이 전하는 말씀 한 마디도 땅에 떨어지기 전에 내가 듣는 것입니다.'

목사님이 전하는 말씀 한 마디도 놓치지 않고 들으려고 마음을 굳게 먹었다.

"천부여 의지 없어서 손들고 옵니다. 주 나를 박대하시면 나 어디 가리이까…"

"인애하신 구세주여 내 말 들으사 죄인 오라 하실 때에 날 부르소서…"

집회시간마다 찬송부르며 거짓말했던 것, 미워했던 것, 시기했던 것, 나의 모든 죄를 십자가에 올려놓기 시작했다.

"웬 말인가 날 위하여 주 돌아가셨나 이 벌레같은 날 위해 큰 해 받으셨네...."

"늘 울어도 눈물로써 못 갚을 줄 알아 몸 밖에 드릴 것 없어 이 몸 바칩니다."

"주여, 병든 몸이지만 이 몸을 주님께 바칩니다."

하나님은 이 결단을 받으셨다. 집회시간마다 주님의 따뜻한 손길이 나를 만지셨다. 하루가 지나고 이틀이 지나고 사흘째 되는 날 말씀을 듣다가 성령체험을 했다. 성령의 지성적 임재가 내게 임하니 귀가 열리고, 눈이 열려 나를 위해 십자가 지신 예수님이 믿어져 버렸다. 성령의 감성적 임재가 나를 사로잡으니 이해할 수 없는 평안과 기쁨이 솟아나기 시작했다. 어두움이 빛으로, 절망이 소망으로, 부정의식이 긍정의식으로 바뀌기 시작했다. 세상의 모든 만물이 나를 향하여 응원하는 것만 같았다.

집회가 끝난 후 어두웠던 나의 자취방은 하나님을 만나는 지성소가 되었다. 하루 종일 성경 보다가 이불 뒤집어쓰고 기도하며 하염없이 울었다. 부흥회를 통해서 나를 만지기 시작한 하나님의 손길은 멈추지 않았다. 공부하는 펜을 놓지 않았다. 고등학교 졸업까지는 전라남도 교육청에서 실시하는 검정고시를 통해 대학 진학의 길을 열었다. 그리고 나의 병이 고침받았다는 사실은 신체검사를 받으러 가서 알게 되었다. 중학교 2학년 때 기억이 되살아나 마음이 불안하고 떨렸다. 신체검사 마치고 검사관이 등을 힘있게 내리치면서 하는 말이다. "백동조 1종 갑" 학교에서 버림받은 내가 1종 갑 판정을 받고 논산훈련소에 입소하던 그 날 나는 참 행복했다.

내가 처음 주님을 만났을 때 외롭고도 서러웠었다. 병들고 소망이 없었는데 나를 만지시기 시작한 주님의 손길은 지금 이 순간까지 이어지고 있다. 내 인생에 있어서 하나님을 빼버리면 할 말이 하나도 없다.

믿음은 전적인 의탁이다. 의탁하는 척 해도 안 된다. 온전한 의탁과 더불어 나아만 장군의 썩은 몸을 씻는 주님의 따뜻한 손길은 시작된다. 그리고 그 손길은 멈추지 않는다. 결국 하나님의 손길에 의해 복음 안에 눈부신 미래를 경험할 수 있었다. 이것이 내가 만난 하나님이다.

전적인 의탁이 바른 믿음이다. 이처럼 온전한 의탁이 없는 시인과 고백, 그리고 영접기도는 믿음의 모양만 내는 껍질에 불과한 것이다.

하나님은 나아만처럼 온전한 의탁을 의지적인 결단과 액션으로 보여주기 원하신다.

온전한 의탁!

전적인 의탁! 이것이 바른 믿음이다.

전적인 의탁이 없는 시인과 고백, 그리고 영접기도는 쇼(Show)에 불과한 것이다. 예수님은 지금도 "온전히 너를 나에게 맡긴 거니?" 하면서 삶으로 드러난 믿음을 보기 원하신다.

Chapter 7

따르는 믿음에 우리 인생을 걸어야 한다.
왜냐하면 따름이 바른 믿음, 참 믿음이기 때문이다.

chapter 7
따름(1)

이러므로 그들의 열매로 그들을 알리라
나더러 주여 주여 하는 자마다
다 천국에 들어갈 것이 아니요 다만 하늘에 계신
내 아버지의 뜻대로 행하는 자라야 들어가리라
(마 7:20-21)

예수님은 '바른 믿음인가 다른 믿음인가' 점검할 때 "주여, 주여" 한다고 믿지 말라고 하신다. "주의 이름으로 선지자 노릇 한다"고 믿지 말라고 하신다. "주의 이름으로 귀신을 쫓아낸다"고 믿지 말라고 하신다. "주의 이름으로 많은 권능을 행한다"고 해서 믿지 말라고 하신다.

예수님은 마태복음 7장 20절에서 "열매로 그들을 알리라"고 하신다. 어떤 열매를 보라고 하시는가? 마태복음 7장 21절을 주의 깊게 살펴보자.

> "나더러 주여 주여 하는 자마다 다 천국에 들어갈 것이 아니요 다만 하늘에 계신 내 아버지의 뜻대로 행하는 자라야 들어가리라"

"예수님은 나의 구원자가 되시며 나의 주인이십니다"라는 마음으로 앵무새처럼 "주여 주여" 시인하며 고백하며 살았는데 예수님은 그것을 보지 않으셨다. 오직 예수님이 보시는 믿음은 다만 하늘에 계신 아버지의 뜻대로 행하는 것을 본다고 말씀하셨다. 오직 따름을 본다는 것이다.

여기에서 우리가 유의해야 할 것은 내 아버지의 뜻을 율법으로 해석해서 적용한다면 "주여 주여"도 하고 율법대로 살아야 한다는 말이 된다. 그렇다면 다시 율법으로 돌아가자는 말이 되어 버리고 만다. 그러나 성경의 전체적인 문맥에 비추어 볼 때, 아버지 뜻대로 행한다는 것은 율법이 아님을 알 수 있다.

그렇다면 "나더러 주여 주여 하는 자마다 다 천국에 들어갈 것이 아니요 다만 하늘에 계신 내 아버지의 뜻대로 행하는 자라야 들어가리라"는 말씀의 의미가 무엇일까?

예수님께서 이 말씀을 하실 때 이 말씀의 의미가 무엇인지 뜻을 모르고 헤맬 것을 전지하신 예수님이 모르실 리 없다. 그렇기 때문에 예수님은 "내 아버지의 뜻대로 행한다"는 말씀이 무슨 뜻인지 마태복음을 통하여 분명히 가르쳐 주실 것이다.

예수님께서는 마태복음 어딘가에 분명히 "다만 내 아버지의 뜻대로 행하는 자라야 구원을 받으리라"는 말씀의 의미를 해석하여 독자들이 알기 쉽도록 정리해 놓으셨을 것이다. 이런 마음으로 마태복음을 읽어내려가 보라. 어느 지점에 가서 "아하! 이런 뜻이었구나!"라고 무릎을 치게 될 것이다.

마태복음 7장 21절에서 제기한 문제를 예수님은 마태복음 16장에서 자세하고 세밀하게 그 뜻을 보여주고 계셨다. 할렐루야!

마태복음 16장에서 많은 사람들이 가장 사랑하는 본문은 13절에서 20절까지일 것이다. 그러나 이 부분은 핵심본문이 아니다. 진짜 중요한 본문은 21절부터 시작된다. 13절에서 20절까지는 중대 사안을 발표하기에 앞서 분위기를 잡는 들러리 본문이라고 할 수 있다.

21절의 충격적인 내용을 말하기에 앞서서 제자들이 받을 충격을 완화시키는 방편으로 분위기를 잡아가기 위해 제자들에게 이렇게 물으신다. "…사람들이 인자를 누구라 하느냐?" "더러는 세례 요한, 더러는 엘리야, 어떤 이는 예레미야나 선지자 중의 하나라고 합니다" 라고 제자들이 대답한다.

예수님께서 다시 물으신다. "너희는 나를 누구라 하느냐?" 시몬 베드로가 대답하여 이르되 "주는 그리스도시요 살아 계신 하나님의 아들이시니이다"고 한다. 이 말을 들으신 예수님은 "바요나 시몬아 네가 복이 있도다 이를 네게 알게 한 이는 혈육이 아니요 하늘에 계신 내 아버지시니라"고 하신 후 "내가 이 반석 위에 내 교회를 세우리니 음부의 권세가 이기지 못하리라"고 하시고, "내가 천국 열쇠를 네게 주리니 네가 땅에서 무엇이든지 매면 하늘에서도 매일 것이요 네가 땅에서 무엇이든지 풀면 하늘에서도 풀리리라"고 하신다. 이 말을 들은 제자들과 베드로는 흥분을 감추지 못했다.

분위기가 잡힌 후에 예수님은 중대한 발표를 하신다. 그 내용이 마태복음 16장 21절이다. 주의깊게 살펴보라.

"이 때로부터 예수 그리스도께서 자기가 예루살렘에 올라가 장로들과 대제사장들과 서기관들에게 많은 고난을 받고 죽임을 당하고 제삼일에 살아나야 할 것을 제자들에게 비로소 나타내시니"

예수님은 제자들에게 많은 고난을 받고 죽임을 당하고 제 삼일에 살아난다고 말했지만 언어의 초두효과 때문에 많은 고난을 받고 죽임을 당한다는 말이 이미 제자들의 생각을 사로잡아 버렸다. 다시 살아난다는 말은 그들에게 들리지 않았을 것이다. 당황한 제자들 앞에 베드로가 항변하기 시작한다. 22절 말씀을 유심히 살펴보라.

"베드로가 예수를 붙들고 항변하여 이르되 주여 그리 마옵소서 이 일이 결코 주께 미치지 아니하리이다"

베드로는 예수님을 "주여"라고 부르고 있지만 실제적인 주인은 베드로 자신이었다. "주여"라고 불러놓고 자기가 주인노릇을 하고 있다.

"주님, 왜 죽으려고 합니까? 그러지 마세요! 배와 그물을 버리고 내 인생을 주님께 걸었는데 죽다니요. 안됩니다. 절대로 죽어서는 안돼요."

"주여"라는 입술의 고백과 행동은 그 반대였다. 그렇다면 "주여"의 의미가 있는가? 없는가?

주는 그리스도시요 살아계신 하나님의 아들이라고 고백했을 때 기뻐하셨던 예수님은 "주여"라고 불러놓고 자기 자신이 주인 노릇하는 베드로를 향하여 무엇이라고 말씀하고 있는가? 23절을 주의하여 살펴보라.

"예수께서 돌이키시며 베드로에게 이르시되 사탄아 내 뒤로 물러가라 너는 나를 넘어지게 하는 자로다…"

예수님은 호통을 치신다. 크게 책망하신 후에 예수님은 베드로를 포함한 모든 제자들에게 말씀하신다. 24절 말씀이다. 주의 깊게 살펴보라.

"이에 예수께서 제자들에게 이르시되 누구든지 나를 따라오려거든 자기를 부인하고 자기 십자가를 지고 나를 따를 것이니라"

"주여 주여 하는 자마다 다 천국에 들어갈 것이 아니고 다만 하늘에 계신 내 아버지의 뜻대로 행하는 자라야 들어간다"는 마태복음 7장 21절의 말씀의 뜻이 무엇인지를 여기서 풀어주고 계신 것이다.

베드로를 포함하여 "누구든지" 나를 따라오려거든 자기를 부인하고 자기 십자가를 지고 나를 따르라고 말씀하신다. 다시 말해서 "주여 주여"라는 입술의 고백이 주인을 따르는 삶으로 표현되지 않으면 "주여"의 시인과 고백은 의미가 없다는 것이다. "주여 주여" 하는 자마다 다 천국에 들어갈 것이 아니요 다만 그 뜻대로 행하는 자라야 들어간다는 말은 "주여 주여"라는 입술의 고백보다 중요한 것이 '따름'이라는 것이다. 그러므로 우리의 믿음을 마태복음 16장 24절에 걸어야 한다. 즉 **따르는 믿음**에 우리 인생을 걸어야 한다. 왜냐하면 따름이 바른 믿음, 참 믿음이기 때문이다.

마태복음 16장 24절에서 "…자기를 부인하고…" "…자기 십자가를 지고…" "…나를 따를 것이니라"라는 말씀 중에 가장 주도적인 말씀이 무엇일까? 자기 부인일까? 아니면 자기 십자가를 지는 것일까? 아니면 따르는 것일까?

자기를 부인해야 할 이유가 어디 있을까? 바로 따르기 위해서이다. 자기 십자가를 지는 이유가 어디 있을까? 바로 따르기 위해서이다. 자기 부인과 자기 십자가를 지지 않으면 예수님을 따를 수 없기 때문이다.

자기 십자가를 진다는 의미가 무엇일까? 25절과 26절을 주의 깊게 살펴보라.

"누구든지 제 목숨을 구원하고자 하면 잃을 것이요 누구든지 나를 위하여 제 목숨을 잃으면 찾으리라 사람이 만일 온 천하를 얻고도 제 목숨을 잃으면 무엇이 유익하리요 사람이 무엇을 주고 제 목숨과 바꾸겠느냐"

자기 십자가를 진다는 의미가 무엇일까? 목숨을 구원코자 하면 잃으라고 하신다. 사람이 온 천하를 얻고도 제 목숨을 잃으면 의미가 없으니 목숨을 얻기 위해 목숨을 잃으라고 하신다. 자기 십자가를 지라는 말은 예수님이 십자가에서 죽을 때 같이 죽자는 말이다. 왜냐하면 죽어야 예수님을 온전히 따를 수 있기 때문이다.

마태복음 16장 24절 말씀의 의미를 바울은 갈라디아서 2장 20절에서 세밀하게 설명해 주고 있다.

> "내가 그리스도와 함께 십자가에 못 박혔나니 그런즉 이제는 내가 사는 것이 아니요 오직 내 안에 그리스도께서 사시는 것이라 이제 내가 육체 가운데 사는 것은 나를 사랑하사 나를 위하여 자기 자신을 버리신 하나님의 아들을 믿는 믿음 안에서 사는 것이라"

갈라디아서 2장 20절 말씀의 핵심이 무엇인가? 말하고 싶은 것이 무엇인가?

이 말씀은 수식어가 많아서 핵심을 잡는데 신경을 많이 써야 하는데 자세히 보면 이렇다.

"…이제 내가 육체 가운데 사는 것은…"이라는 말은 우리가 육신의 장막에 사는 것을 의미한다.

그러므로 갈라디아서 2장 20절의 핵심은 내가 지금 육신의 장막에서 나는 죽고 예수님으로 사는 것은 나를 사랑하사 나를 위하여 자기 자신을 버리신 하나님의 아들(예수)을 믿는 믿음 안에서 사는 것이라는 것이다. 다시 말해서 내가 그리스도와 함께 십자가에 못 박혔나니 그런즉 이제는 내가 사는 것이 아니요 오직 내 안에 그리스도께서 사는 상태가 바로 예수님을 믿는 믿음 안에서 사는 상태라는 것이다.

십자가 복음 안에서 나는 예수님과 함께 죽고 주인되신 예수님을 따라 사는 상태가 갈라디아서 2장 20절이며, 갈라디아서 2장 20절 상태가 바로 마태복음 16장 24절인 자기를 부인하고 자기 십자가를 지고 예수님을 따르는 상태인 것이다. 그러므로 우리의 믿음을 마태복음 16장 24절과 갈라디아서 2장 20절에 걸어야 한다.

이것이 복음서와 바울서신이 증언하는 바른 믿음이다. 십자가 복음으로 예수님과 온전히 하나되어 예수님과 함께 살고, 주인되신 예수님을 따라 사는 상태가 바로 예수님을 믿는 믿음 안에 사는 상태이다. 믿음의 개념을 더 요약하면 나는 죽고 예수님으로 사는 상태가 믿음이다. 더 요약하면 예수님을 따름이 믿음이다.

마태복음 7장 20절은 열매를 보고 믿음을 알라고 하신다. 21절에서 말한 열매가 뭔가? 바로 따름이었다. "주여 주여"라고 했다면 따르는 삶이 있느냐를 보라는 것이다. 복음서가 말하는 믿음은 따름이다. 따름이 믿음이다.

자기 십자가를 지라는 말은
예수님이 십자가에서 죽을 때 같이 죽자는 말이다.
왜냐하면 죽어야 예수님을 온전히 따를 수 있기 때문이다.

Chapter 8

지적인 동의와 정적인 확신은 있는데 의지적인 결단과 액션,
즉 따름이 없다면 그 믿음은 죽은 믿음이다.

chapter 8
따름(2)

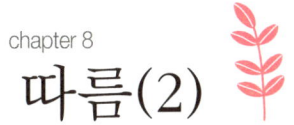

이와 같이 행함이 없는 믿음은
그 자체가 죽은 것이라
(약 2:17)

이 단원에서는 야고보서가 말하는 믿음에 대하여 살피려고 한다.

복음서와 사도행전 그리고 바울서신에서는 "믿음"이란 단어가 많이 등장한다. "오직 믿음으로, 오직 믿음으로"인데 야고보서에서는 "행위"라는 단어가 많이 등장한다. "오직 행위로, 오직 행위로"이다.

누구나 야고보서를 읽게 되면 믿음개념에 대해 혼란을 겪게 된다.

종교개혁자 마틴 루터는 야고보서를 지푸라기 복음이라고 했다. 즉 있어도 되고 없어도 되는 지푸라기와 같다는 것이다. 야고보서가 말하는 깊은 의미의 믿음의 개념을 모르기 때문이다.

대부분의 사람들은 바울서신에서 믿음을 강조하다가 야고보서 2장에서는 행위를 강조하다 보니까 대충 읽고 넘어가기도 하지만, 예수님을 제대로 믿으려고 하는 사람들은 이 부분에서 홍역을 치르기도 한다.

요한복음 1장 12절에서 "영접하는 자 곧 그 이름을 믿는 자들에게는 하나님의 자녀가 되는 권세를 주셨으니"라고 했고, 요한복음 5장 24절에서는 "내가 진실로 진실로 너희에게 이르노니 내 말을 듣고 또 나 보내신 이를 믿는 자는 영생을 얻었고 심판에 이르지 아니하나니 사망에서 생명으로 옮겼느니라"라고 했다.

사도행전 16장 31절에서는 "이르되 주 예수를 믿으라 그리하면 너와 네 집이 구원을 받으리라"고 한다.

바울 서신으로 넘어가 보면 로마서 10장 10절에서 "사람이 마음으로 믿어 의에 이르고 입으로 시인하여 구원에 이르느니라"고 하고, 13절에서는 "누구든지 주의 이름을 부르는 자는 구원을 받으리라"고 한다.

에베소서 2장 8절에서는 "너희는 그 은혜에 의하여 믿음으로 말미암아 구원을 받았으니 이것은 너희에게서 난 것이 아니요 하나님의 선물이라"고 하더니, 9절에서는 "행위에서 난 것이 아니니 이는 누구든지 자랑하지 못하게 함이라"고 한다.

야고보서 2장 17절에서는 "이와 같이 행함이 없는 믿음은 그 자체가 죽은 것이라"고 하고, 26절에서는 "영혼 없는 몸이 죽은 것 같이 행함이 없는 믿음은 죽은 것이니라"고 한다.

도대체 어느 장단에 춤을 추어야 할 것인가?
아브라함의 경우도 그렇다. 로마서 4장 3절에서 "아브라함이 하나님을 믿으매 그것이 그에게 의로 여겨진 바 되었느니라"고 믿음을 강조하고, 또 갈라디아서 3장 6절에서 "아브라함이 하나님을 믿으매 그것을 그에게 의로 정하셨다 함과 같으니라"고 믿음을 강조하더니, 야고보서 2장 21절에서는 "우리 조상 아브라함이 그 아들 이삭을 제단에 바칠 때에 행함으로 의롭다 하심을 받은 것이 아니냐"고 행위를 강조하고 있으니 도대체 어느 말씀을 붙들어야 할까?

바울서신에서는 믿음을 강조하다가 야고보서에서는 행위를 강조한 것처럼 보일 때 성경을 읽는 독자 입장에서 갈등에 빠지는 것은 당연하다.
이럴 수밖에 없는 이유가 있다. 그 이유는 언어의 한계 때문이다. 성령님의 생각과 뜻을 인간의 언어에 담아 전달하기에 언어의 한계가 있을 수밖에 없다.
바울서신에서는 의롭다 함을 받음에 대해, 구원에 대해 말할 때 믿음을 강조한다. 그리고 행위로 말미암지 않았다고 덧붙인다. 그런데 야고보서에서는 오히려 믿음보다는 행위를 상소하는 인상을 강하게 받는다. 그 이유가 무엇일까?
바울서신에서 믿음을 강조하면서 행위로 말미암지 않았다고 말하는 개념을 가장 잘 정리해 준 부분이 갈라디아서 2장 16절이다.

"사람이 의롭게 되는 것은 율법의 행위로 말미암음이 아니요 오직 예수 그리스도를 믿음으로 말미암는 줄 알므로 우리도 그리스도 예수를 믿나니 이는 우리가 율법의 행위로써가 아니고 그리스도를 믿음으로써 의롭다 함을 얻으려 함이라 율법의 행위로써는 의롭다 함을 얻을 육체가 없느니라"

갈라디아서 2장 16절의 말씀은 의롭다 함을 얻기 위하여 오직 은혜, 오직 예수, 오직 믿음 뿐임을 강조하는 내용이다. 그러므로 구원을 위하여 오직 십자가를 지신 예수님을 붙들어야 한다고 강조한다. 이것을 믿음이라고 표현하고 있다. 이것을 강조하면서 의롭다 함을 받기 위해서 율법을 붙들어서는 안되고, 구원은 율법의 행위에 있는 것이 아니라 십자가를 지신 예수님을 믿는 믿음에 있다고 강조한다.

그러므로 바울서신이 말하는 행위개념은 의롭다 함을 얻기 위하여 율법의 행위를 붙들지 말라는 내용이다. 바울서신에서는 믿음을 강조하기 위해서 행위로 말미암는 것이 아니라고 계속 강조하고 있는 것이다.

그러나 야고보서에서 말하는 행위개념은 전혀 다른 개념이다. 전혀 다른 개념을 말할 때도 쓸 단어가 "행위"라는 단어밖에 없어서 그 단어를 동일하게 사용하고 있다. "행위"라는 단어는 동일하지만 개념은 바울서신과 전혀 다르다.

그렇다면 야고보서에서 표현하고 있는 행위개념은 무엇인가?

바울서신에서 말한 행위개념과 야고보서에서 말한 행위개념을 알아보기 위해서는 첫번째로 어떤 원어를 사용하고 있는지를 살펴야 한다. 바울서신에서 사용하는 행위(ἔργον/에르곤)와 야고보서에서 사용하는 행위의 단어가 동일하다.

그렇다면 성령님의 뜻을 담기에 헬라어나 한국어나 동일한 언어의 한계를 드러내고 있다는 것이다. 원어상에 같은 단어를 사용하고 있을 경우는 문장 속에서 행위라는 단어를 어떤 개념으로 사용하고 있는지 살펴야 한다.

본문 안에서 믿음이란 단어와 행위라는 단어가 어떤 개념으로 사용되고 있는지를 알아보자. 이 문제를 푸는 핵심구절은 야고보서 2장 19절이다.

"네가 하나님은 한 분이신 줄을 **믿느냐** 잘하는도다 귀신들도 **믿고 떠느니라**"

19절에 사용된 '믿느냐', '믿고 떠느니라'는 어떤 믿음의 개념을 말하는가?

아는 믿음일까? 따르는 믿음일까?

지, 정, 의, 인격적인 측면에서 생각해 볼 때

지적인 측면인가?

정적인 측면인가?

의지적인 측면인가?

"믿느냐"는 지적인 진리에 대한 확신과 동의의 개념이며,

"믿고 떠느니라"는 정적인 측면을 말하고 있다.

사실 귀신들이 유일하신 하나님을 아는 믿음은 우리가 따라가지 못할 정도다. 예수 그리스도의 십자가 사건을 통해 죄를 구속하고 마귀의 머리가 부서진 사실에 대해 우리가 아는 것보다 귀신들이 훨씬 더 잘 알고 있다. 그래서 그들은 십자가 복음 앞에 떨고 예수 이름 앞에 떤다.

그러므로 19절 말씀의 핵심은 지적인 진리에 대해서 동의하고 확신할 뿐 아니라, 정적으로 믿고 떤다고 해도 의지적인 측면인 의지적인 결단과 액션이 없다면 아무 의미가 없는 것이라고 말하고 있다. 그 정도의 믿음은 귀신들의 믿음이 더 좋다고 말씀하신다.

이런 측면에서 볼 때 야고보서에서 말하고 있는 믿음이란 단어의 개념은 지적으로 아는 믿음, 정적으로 느끼는 믿음을 말하고 있다.

'믿음'이란 단어가 아는 믿음과 느끼는 믿음의 개념으로 사용되고 있다면, '행위'라는 단어는 의지적인 결단과 액션의 개념으로 사용되고 있다. 즉 따르는 믿음의 개념으로 '행위'라는 낱말이 사용되고 있는 것이다.

야고보서에서는 '오직 믿음으로 의롭다 함을 받는다'고 할 때, 그 믿음의 영역 안에서 의지적인 결단과 액션, 즉 따르는 믿음을 강조하고 있다. 의지적인 결단과 액션이 없는 지적이고 정적인 진리에 대한 동의와 확신은 의미가 없는 것이라고 역설하고 있다.

야고보서 2장 17절부터 26절까지를 단어로 읽지 말고 그 단어가 지닌 뜻으로 읽어보자. '믿음'으로 표현된 진의는 지적이고 정적인 진리에 대한 동의와 확신 즉 "아는 믿음"이고, '행위'로 표현된 진의는 의지적인 결단과 액션 즉 "따르는 믿음"으로 읽어보면 (괄호 안에 말로 읽음) 야고보서가 말하는 믿음의 개념과 행위의 개념이 이해가 될 것이다.

이와 같이 행함(따르는 믿음)이 없는 믿음(아는 믿음)은 그 자체가 죽은 것이라(17)

어떤 사람은 말하기를 너는 믿음(아는 믿음)이 있고 나는 행함(따르는 믿음)이 있으니 행함(따르는 믿음)이 없는 네 믿음(아는 믿음)을 내게 보이라 나는 행함(따르는 믿음)으로 내 믿음(아는 믿음)을 네게 보이리라 하리라(18)

네가 하나님은 한 분이신 줄을 믿느냐(지적으로 아는 믿음) 잘하는도다 귀신들도 믿고 떠느니라(정적으로 느끼는 믿음)(19)

아아 허탄한 사람아 행함(따르는 믿음)이 없는 믿음(아는 믿음)이 헛것인 줄을 알고자 하느냐(20)

우리 조상 아브라함이 그 아들 이삭을 제단에 바칠 때에 행함(따르는 믿음)으로 의롭다 하심을 받은 것이 아니냐(21)

네가 보거니와 믿음(아는 믿음)이 그의 행함(따르는 믿음)과 함께 일하고 행함(따르는 믿음)으로 믿음(아는 믿음)이 온전하게 되었느니라(22)

이에 성경에 이른 바 아브라함이 하나님을 믿으니(따르는 믿음이 포함된 아는 믿음) 이것을 의로 여기셨다는 말씀이 이루어졌고 그는 하나님의 벗이라 칭함을 받았나니(23)

이로 보건대 사람이 행함(따르는 믿음)으로 의롭다 하심을 받고 믿음(아는 믿음)으로만은 아니니라(24)

또 이와 같이 기생 라합이 사자들을 접대하여 다른 길로 나
가게 할 때에 행함(따르는 믿음)으로 의롭다 하심을 받은 것이
아니냐(25)

영혼 없는 몸이 죽은 것 같이 행함(따르는 믿음)이 없는
믿음(아는 믿음)은 죽은 것이니라(26)

야고보서가 말하는 믿음의 개념과 복음서가 말하는 믿음의 개념이 다른지를 생각해 보라.

바울서신이 말하는 믿음의 개념과 야고보서가 말하는 믿음의 개념이 다른지를 생각해 보라.

놀라울 정도로 복음서(마 7:21,16:24)가 말하는 믿음의 개념과, 바울서신(갈 2:20)에서 말하는 믿음의 개념과, 야고보서가 말하는 믿음의 개념(약 2:17)은 한 치의 오차도 없이 동일하다. 믿음의 핵심은 지적인 진리에 대한 동의와 정적인 확신을 포함한 따르는 삶인 것이다.

그런데 오늘날 많은 교회들은 지적인 진리에 대한 동의와 시인과 고백에 많은 초점을 두고 있다. 이것만 있으면 믿음의 모든 절차가 다 끝난 것처럼 생각하게 만든다.

하루는 신앙생활 예쁘게 잘하는 자매님이 나를 찾아왔다. 구원파 집단이 여는 성경세미나에 다녀왔다는 것이다. 너무 은혜가 된다고 했다. 구원파는 이단이라는 선입관념을 가지고 갔는데 교회에서 목사님이 전하는 십자가 복음이나 그곳에서 가르치는 십자가 복음이 하나도 다르지 않다고 했다. 그래서 내가 그 자매에

게 이렇게 말했다. "나중에는 신천지 가보세요. 처음부터 다른 이야기 하나 가서 들어보세요. 처음부터 그들은 교회에서 하는 말과 다른 말을 하지 않을 것입니다. 아마 주님 중심으로 살아야 한다고 강조할 것입니다. 오직 주님만을 바라보아야 한다고 할 것입니다. 그리고 1년 6개월쯤 지나면 이00씨가 바로 백마타고 재림하신 주님이라고 할 것입니다."

그렇다! 이단(異端)이란 끝 단(端) 자에 다를 이(異)다. 끝이 다른 것이 이단이다. 이단이란 처음부터 다른 이두(異頭)가 아니다. 머리부터 다른 것이 아니다. 끝이 다른 것이 이단이다.

마찬가지로 구원파 성경세미나에 가면 처음부터 다른 말을 하지 않는다. 오히려 기성교회보다 더 십자가의 복음을 자세하게 전할 것이다. 그래야 믿는 자들을 유혹할 수 있지 않겠는가? 그리고 기성교회보다 더 믿음을 강조한다.

구원파에서는 오히려 아는 믿음, 시인하는 믿음, 고백하는 믿음은 믿음으로 인정하지도 않는다. 오직 그들이 인정하는 믿음은 정적으로 깨닫는데 초점을 둔다. 지적으로 아는 믿음을 뛰어넘어 깊이 느끼고 체험하는 정적인 믿음에 초점을 둔다.

성경세미나를 통해서 십자가 복음을 계속 들려준다. 계속 듣다가 어떤 사람이 두 손을 번쩍 들고 외친다. "이제야 깨달았어요. 예수님이 나를 위해 십자가에서 고난당하시고 내 죄를 대속해 주심을 이제야 깨달았습니다"라고 하면 강사는 그 자리에서 이렇게 말한다. "2000년 00월 00일 00시 00분이 당신이 거듭난 날짜와 시간입니다. 이것이 당신의 영적인 생일입니다. 이제 당신은 다시는 회개할 필요가 없습니다. 당신의 과거와 현재와 미래의 모든 죄가

다 해결되었습니다. 더 이상 회개할 필요가 없습니다. 이제 당신은 죄와 율법으로부터 완전한 자유를 얻었습니다. 당신은 이제 울면서 기도할 필요도 없습니다. 그리고 아직도 구원받지 못한 영혼들이 기성교회 안에 많이 있습니다. 그들을 이끌어내어 당신이 경험한 복음을 들려주십시오"라고 한다.

구원파에서는 죄를 자백하거나 회개기도를 하면 아직 거듭나지 못한 사람으로 인정받기 때문에 누구도 죄 때문에 눈물 흘리며 기도하거나 자백하지 않는다. 정적으로 구원의 감격 속에 살다가 그 정적인 뜨거움도 점점 사라지고 신앙생활하는 사람인지, 세상 사람인지 구분이 되지 않는 상태에서 구원의 확신 하나 가지고 세상을 살아가게 된다. 구원의 확신을 미끼로 무수한 영혼들을 지옥으로 끌고 가는 집단이 바로 구원파이다. 그들은 전형적인 다른 믿음의 집단이다.

구원파가 말하는 믿음은 무엇이 문제인가? 그들이 믿는 믿음의 개념과 성경이 말하는 믿음의 개념이 전혀 다르다.

야고보서 2장의 말씀에 비추어 따르는 믿음이 빠진 지적으로 아는 믿음과 정적으로 느끼는 믿음이 어떤 의미가 있겠는가? 어떤 효과가 있는가? 어떤 능력이 있는가? 영혼이 없는 몸이 죽은 것 같이 따르는 믿음이 없는 정적으로 느끼는 믿음을 포함한 아는 믿음은 그 자체가 죽은 믿음이라고 반복해서 말하고 있다.

복음서에서 예수님께서 말씀하신 "누구든지 나를 따라 오려거든 자기를 부인하고 자기 십자가를 지고 나를 따를 것이니라"는 믿음의 개념을 바울서신은 나는 죽고 예수로 사는 삶으로 말하고, 야고보서를 통해서는 지, 정, 의, 인격적인 측면에서 설명해 주고 있다.

야고보서가 말하는 믿음도 복음서와 동일하게 '따름'이다. 바울서신과 동일하게 '따름'이다. 지적인 동의와 정적인 확신은 있는데 의지적인 결단과 액션, 즉 '따름'이 없다면 그 믿음은 죽은 믿음이다. 야고보서가 말하는 믿음은 '따름'이다. 따름이 믿음이다.

Chapter 9

따르는 믿음이 놀라운 믿음의 역사를 일으킨다.
믿음의 역사는 따르는 믿음을 통해 일어난다.

chapter 9
따름(3)

믿음으로 아브라함은 부르심을 받았을 때에
순종하여 장래의 유업으로 받을 땅에 나아갈새
갈 바를 알지 못하고 나아갔으며

히 11:8

　지금까지 복음서와 바울서신 그리고 야고보서가 말하는 믿음에 대해서 살펴보았다. 이 단원에서는 히브리서 11장, '믿음장'을 통해서 바른 믿음을 알아보려고 한다.

　대부분의 주석학자들은 히브리서 11장을 믿음장이라고 한다. 히브리서 11장은 믿음의 사람들이 많이 등장한다. 다양한 믿음의 사람들의 역사(History)를 통해 바른 믿음에 대하여 스토리텔링(Storytelling)을 하고 계신 것이다. 다양한 사람들의 믿음을 클로즈업(Close-up)하여 모델링(Modeling)하고 계신다.

　이 단원에서는 복음서에서 말씀한 믿음과 바울서신에서 말씀한 믿음과 야고보서에서 말씀한 믿음과 히브리서를 통해 보여준 믿음이 차이가 있는지 점검해 보고자 한다.

아벨의 믿음

히브리서 11장 4절에서 가장 먼저 등장한 인물은 아벨이다. 아벨의 믿음을 주의 깊게 살펴보라.

> "**믿음으로** 아벨은 가인보다 더 나은 제사를 하나님께 드림**으로 의로운 자라 하시는 증거를 얻었으니** 하나님이 그 예물에 대하여 증언하심이라 그가 죽었으나 그 믿음으로써 지금도 말하느니라"

아벨이 의롭다 함을 얻은 것은 율법의 행위로인가? 아니면 믿음으로인가? '믿음으로'이다.

믿음으로 의롭다 함을 얻었다면 지적으로 아는 믿음인가? 아니면 정적으로 느끼는 믿음인가? 아니면 의지적인 결단과 액션, 즉 따르는 믿음인가?

"**…더 나은 제사를 하나님께 드림으로** 의로운 자라 하시는 증거를 얻었으니…" 라는 말씀을 깊이 들여다보라. 아벨이 의롭다 함을 얻는 믿음은 지적인 진리에 대한 동의와 정적으로 느끼는 것을 넘어서 따르는 믿음이다.

"…그가 죽었으나 그 믿음으로써 지금도 말하느니라."

아벨은 죽었으나 지금도 바른 믿음에 대하여 증언하고 있다. 아벨의 믿음은 따르는 믿음이다.

에녹의 믿음

히브리서 11장 5절에 등장한 인물은 에녹이다. 에녹의 믿음을 주의 깊게 살펴보라.

> "믿음으로 에녹은 죽음을 보지 않고 옮겨졌으니 하나님이 그를 옮기심으로 다시 보이지 아니하였느니라 그는 옮겨지기 전에 하나님을 기쁘시게 하는 자라 하는 증거를 받았느니라"

에녹이 천국으로 입성하게 된 것은 율법의 행위로인가? 아니면 믿음으로인가? '믿음으로'이다.

믿음으로 의롭다 함을 얻었다면 지적으로 아는 믿음인가? 아니면 정적으로 느끼는 믿음인가? 아니면 따르는 믿음인가? "…그는 옮겨지기 전에 하나님을 기쁘시게 하는 자라 하는 증거를 받았느니라"고 한다. 하나님을 기쁘시게 하는 에녹의 삶이 무엇인가?

에녹이 살던 역사 속으로 들어가 보자. 창세기 5장 24절을 보라.

> "에녹이 하나님과 동행하더니 하나님이 그를 데려가시므로 세상에 있지 아니하였더라"

에녹이 하나님과 동행했다는 말은 둘 중에 하나다. 에녹이 하나님을 따라서 동행했거나 아니면 하나님이 에녹을 따라간 것이다. 하나님이 에녹을 따라서 동행했다면 그것은 믿음이 아니다. 에녹이 하나님을 따라서 동행할 때 그것이 믿음이다. 그렇다면 에녹의 믿음은 자기를 부인하고 하나님을 따르는 마태복음 16장 24절의 믿음이다. 에녹의 믿음도 따르는 믿음이다.

노아의 믿음

히브리서 11장 7절에 등장한 인물은 노아다. 노아의 믿음을 주의 깊게 살펴보라.

"믿음으로 노아는 아직 보이지 않는 일에 경고하심을 받아 경외함으로 방주를 준비하여 그 집을 구원하였으니 이로 말미암아 세상을 정죄하고 믿음을 따르는 의의 상속자가 되었느니라"

노아는 그 집을 무엇으로 구원했는가? 율법의 행위로인가? 아니면 믿음으로인가? '믿음으로'이다.
믿음으로 그 집을 구원했다면 지적으로 아는 믿음인가? 아니면 정적으로 느끼는 믿음인가? 아니면 따르는 믿음인가?

"믿음으로 노아는 아직 보이지 않는 일에 경고하심을 받아 경외함으로 방주를 준비하여 그 집을 구원하였으니…"

경외함으로 방주를 준비하였다. 노아의 믿음도 따르는 믿음이었다.

아브라함의 믿음

히브리서 11장 8절에 등장한 인물은 아브라함이다. 아브라함의 믿음을 주의 깊게 살펴보라.

> "믿음으로 아브라함은 부르심을 받았을 때에 순종하여 장래의 유업으로 받을 땅에 나아갈새 갈 바를 알지 못하고 나아갔으며"

부르심을 받았을 때에 아브라함이 하나님에게 보여준 믿음이 어떻게 드러나는가? 순종, 바로 따르는 믿음이다.

모세의 믿음

히브리서 11장 24절에서 27절까지에 등장한 인물은 모세다. 모세의 믿음을 주의 깊게 살펴보라.

> "믿음으로 모세는 장성하여 바로의 공주의 아들이라 칭함 받기를 거절하고 도리어 하나님의 백성과 함께 고난 받기를 잠

시 죄악의 낙을 누리는 것보다 더 좋아하고 그리스도를 위하여 받는 수모를 애굽의 모든 보화보다 더 큰 재물로 여겼으니 이는 상 주심을 바라봄이라 믿음으로 애굽을 떠나 왕의 노함을 무서워하지 아니하고 곧 보이지 아니하는 자를 보는 것 같이 하여 참았으며"

모세의 어떤 믿음을 말하고 있는가? 지적으로 아는 믿음인가? 아니면 정적으로 느끼는 믿음인가? 아니면 따르는 믿음인가?

히브리서가 말하고 싶은 모세의 믿음은 '떠남'이다. 그리스도와 함께 고난을 받더라도 그리스도에게로 가기 위해 떠난 것이다. 이스라엘 백성과 함께 거하기 위해 출애굽한 것이다. 떠나는 이유는 하나님을 따르기 위해서이다. 모세의 믿음도 따르는 믿음이다.

"…누구든지 나를 따라오려거든 자기를 부인하고 자기 십자가를 지고 나를 따를 것이니라"(마 16:24하)고 말하는 복음서의 믿음의 원리를 히브리서 저자는 구약의 인물들을 들어서 보여주고 있다.

그러므로 복음서가 말한 믿음과 바울서신이 말하는 믿음, 야고보서가 말하는 믿음과 히브리서가 말한 믿음이 동일함을 볼 수 있다.

바울서신도 복음서가 말한 믿음을 설명하고 있고, 야고보서도 복음서가 말한 믿음을 설명하고 있고, 히브리서도 복음서가 말한 믿음을 설명하고 있다.

이렇게 다양한 각도에서 바른 믿음을 가르쳐 주시고 바른 믿음을 보여주신 이유가 무엇이겠는가? 성경이 말하는 믿음의 개념이 단순하지 않기 때문이다. 그리고 자칫 잘못하면 유사품에 속을 수 있기 때문이다. 오염된 믿음의 개념으로 다른 믿음에 빠질 수가 있기 때문이다.

히브리서 11장에서 모델로 제시되는 바른 믿음의 사람들을 살펴본 결과 이들은 하나님 품에 들어오기 위해 떠나는 믿음이 있었다. 옛 주인에게 등을 돌리고 주인 바꾸는 믿음이 있었다. 새 주인에게 전적으로 의탁하는 믿음이 있었다. 이들은 주인을 바꾸고 전적으로 의탁하며 따르는 삶으로 그들의 믿음이 표현되었다.

그러므로 예수님 품에 들어오기 위해 흑암의 권세에서 떠나는 것이 믿음이고, 옛 주인에게 등을 돌려 주인 바꾸는 것이 믿음이고, 새 주인에게 전적으로 의탁하는 것이 믿음이다.

믿음은 주인바꿈과 전적의탁이 따르는 삶으로 표현되는 것이다. 그래서 열매로 그들을 알리라고 하신 것이다. 히브리서 11장 믿음장이 보여주는 바른 믿음도 따름이다. 따름이 믿음이다.

따르는 믿음의 놀라운 역사들

히브리서 11장 전반부에서는 따르는 믿음의 사람들을 보여준다. 후반부 33절부터는 따르는 믿음을 통해 나타난 믿음의 역사들을 보여준다.

"그들은 믿음으로 나라들을 이기기도 하며 의를 행하기도 하며 약속을 받기도 하며 사자들의 입을 막기도 하며 불의 세력을 멸하기도 하며 칼날을 피하기도 하며 연약한 가운데서 강하게 되기도 하며 전쟁에 용감하게 되어 이방 사람들의 진을 물리치기도 하며…"(히 11:33-34)

본문에 나오는 믿음의 사람들 중에 믿음으로 사자들의 입을 막은 자가 있다. 누구인가? 바로 다니엘이다. 다니엘이 사자들의 입을 막는 배경을 알아보자. 그가 왜 사자굴에 들어가게 되었는가? 다니엘의 정치적인 적들이 쳐놓은 올무 때문이었다. 황제에게 기도하지 않고 황제 이외에 어느 누구에게라도 기도하면 사자굴에 넣는다는 법령이 선포되었을 때, 다니엘의 믿음이 어떻게 나타나는가? 다니엘서 6장 10절을 주의 깊게 읽어보라.

"다니엘이 이 조서에 왕의 도장이 찍힌 것을 알고도 자기 집에 돌아가서는 윗방에 올라가 예루살렘으로 향한 창문을 열고 전에 하던 대로 하루 세 번씩 무릎을 꿇고 기도하며 그의 하나님께 감사하였더라"

다니엘은 기도하는 것을 잠시 쉴 수도 있었다. 그러나 다니엘은 그렇게 하지 않았다. 은밀하게 숨어서 기도할 수도 있었다. 그런데 다니엘은 그렇게 하지 않았다. 많은 사람들이 볼 수 있는 윗방으로 올라간다. 그리고 문을 활짝 열고 하루 세 번씩 전에 행하던 대로 기도한다.

이것이 무엇을 보여주는 것인가? 나의 주인은 황제가 아니고 하나님이며, 하나님과의 관계가 자신의 목숨보다 더 소중하다는 것을 보여준 것이다. 다니엘에게 있어서 기도를 멈춤으로 하나님과의 교제가 끊어진다는 것은 사자굴보다 더 무서운 일이었다. 이것이 바로 다니엘의 믿음이다. 이 믿음이 복음서가 말하는 믿음이다. 이것이 바로 하나님의 뜻대로 행하는 믿음(마 7:21)의 모습이며, 자신을 부인하고 주님을 따르는 믿음(마 16:24)의 모습인 것이다.

사자굴 앞에서 "…하나님께 감사하였더라"는 "하나님, 저는 하나님만 내게 계시면 사자굴에서 들어가 사자밥이 되어도 행복합니다"이다. 이것이 바로 사자들의 입을 막는 믿음이다. 다니엘의 주인은 하나님이셨다. 그는 주인에게 자신을 전적으로 의탁했다. 그는 온전히 하나님을 따르고 있었다. 이것이 성경이 말하는 믿음이다. 그 어떤 것도 다니엘의 이런 믿음을 꺾을 수 없었다. 따르는 믿음이 놀라운 믿음의 역사를 일으킨다. 믿음의 역사는 따르는 믿음을 통해 일어난다. 히브리서는 이것을 말하고 있는 것이다.

Chapter 10

드려진 믿음만이 죄의 유혹을 이길 수 있다.
바른 믿음의 개념을 이해하고 활용하면 할수록 죄를 이기게 된다.

chapter 10
드림

그러므로 형제들아
내가 하나님의 모든 자비하심으로 너희를 권하노니
너희 몸을 하나님이 기뻐하시는 거룩한 산 제물로 드리라
이는 너희가 드릴 영적 예배니라
롬 12:1

  로마서의 주제가 이신득의(以信得義)라는 사실에 대해 이의를 제기할 학자는 아무도 없다.

  이신득의(以信得義)란 오직 믿음으로 의롭다 함을 얻는다는 말이다.

  전적부패로 말미암아 이미 확정된 하나님의 정죄와 심판에 대해 인간은 전적으로 무능하여 스스로 의롭다 함을 얻을 수 없는 상태에 놓이게 되었다. 구원의 소망이 전혀 없는 인간에게 구원을 주시기 위하여 하나님께서 세우신 계획은 예수 그리스도가 죄를 대신 담당해 주는 것이었다. 그것이 바로 예수 그리스도의 십자가

대속 사건이다.

전적으로 타락하여 부패한 인간을 위해 하나님이 준비한 '의'이다. 예수님의 구속을 통해 준비한 의를 어떻게 얻을 수 있는가? 바로 믿음으로만 그 의를 얻을 수 있다. 이것이 바로 이신득의(以信得義)요, 로마서의 주제다. 그렇다면 로마서가 말하는 믿음의 개념이 무엇일까?

로마서가 말하는 믿음은?

이신득의를 외치면서도 무엇이 로마서가 말하는 믿음인가에 대해서는 말하지 않는 학자들이 많다. 이렇다 보니 믿음의 개념을 바로 이해하지 못하고 있는 것이 한국교회 실정이 아닌가 싶다.

믿음이란 무엇인가? 천지를 창조하시고, 인간을 구원하시기 위해 독생자를 주신 하나님을 유일하신 하나님으로 인정하고 동의하는 것일까? 예수 그리스도가 인간을 구원하시기 위해 십자가를 지시고 대속을 이루신 사건에 대해 알고, 인정하고, 동의하는 것일까? 마음으로 믿고 입으로 그가 우리의 구원자라고 시인하는 것일까? 물론 믿음의 요소 중에 아는 면, 인정하는 면, 동의하는 면이 없는 것은 아니다. 하지만 로마서가 말하는 믿음은 그 이상이다. 이제부터 로마서가 말하는 믿음에 대해 깊이 살펴보자.

로마서가 말하는 믿음의 개념이 무엇일까? 로마서 전체를 한눈으로 보자. 1장에서 11장까지는 하나님이 우리를 위해 어떻게

의(義)를 준비하셨는지 뛰는 가슴으로 느끼게 될 것이다. 전적으로 부패한 인간이 스스로는 죄의 굴레에서 벗어날 수 없음을 아신 성부 하나님은 성자 예수 그리스도의 고난과 십자가 대속으로 의(義)를 준비하신다. 의의 밥상을 차려 주시려고 성부 하나님은 치밀한 계획을 세우시고 이 일에 헌신하셨다. 하나님이 의의 밥상을 차리기 위해 동원하신 구약의 모든 하나님의 동역자들을 보라. 아벨, 노아, 아브라함, 이삭, 야곱, 요셉, 모세, 다윗, 다니엘…

의의 밥상을 차리기 위해 성부 하나님의 헌신과 성자 예수님의 헌신과 성령 하나님의 헌신과 더불어 구약에 동원된 수많은 일꾼들의 헌신을 통해 의의 밥상이 준비된다.

성자 예수님의 몸 찢고 피 쏟아 부어 만든 의의 밥상을 우리에게 전해 주기 위해 그들의 일생을 헌신했던 사도들, 선지자들, 교사들, 교부, 선교사, 먼저 믿는 신앙의 선배들… 이들의 헌신을 통하여 의의 복음을 듣게 되었다.

그렇다면 로마서가 말하는 하나님이 준비한 의의 선물을 받아들이라는 믿음이 무엇인가?

로마서 1장에서 11장까지는 하나님이 나를 위해 의의 밥상을 어떻게 준비했는가에 대한 말씀이다. 그리고 12장부터 16장까지 그 의를 얻은 자들이 어떻게 살 것인가, 즉 그 의를 어떻게 누릴 것인가에 대해 말씀하신다.

로마서 전체를 한 눈으로 보면 하나님이 준비한 의에 대한 말씀과 의를 얻는 자들이 어떻게 살아야 할 것인가에 대한 말씀 사이에 놀라운 믿음의 개념이 들어 있다. 로마서가 말한 믿음의 개념이 들어 있는 것이다. 바로 로마서 12장 1절이다. 감사와 감격의 마음으로 천천히 음미하면서 읽어 보라. 바른 믿음을 보게 해 달라고 기도하면서 읽어 보라. 성령님의 내적 조명을 갈망하면서 몇 번이고 읽어 보라.

"그러므로 형제들아 내가 하나님의 모든 자비하심으로 너희를 권하노니 너희 몸을 하나님이 기뻐하시는 거룩한 산 제물로 드리라 이는 너희가 드릴 영적 예배니라"

"그러므로"
"1장에서 11장까지 내가 준비한 의(義)를 보았니? 바로 너를 위한 의의 밥상이란다. 그러므로… "
"내가 너를 위해 내 외아들을 희생한 것은 나를 주는 것보다 더 어려웠단다. 그리고 너에게 의의 밥상을 차려 주기 위해 독생자가 십자가에 몸을 드렸단다. 그리고 의의 복음을 너에게 전해 주기 위해 무수한 나의 동역자들이 몸을 드렸단다. 이제는 너의 차례란다. 너는 어떻게 하겠니?"
"나를 구원하기 위해 모든 것을 내어주신 하나님 앞에 나도 내 모든 것을 드릴께요. 나를 위해 의의 밥상을 준비하기 위해 자신의 몸을 십자가에 내어주신 예수님께 나도 내 몸을 드리겠습니다. 의의 밥상을 내게 들려주기 위해 몸을 드린 동역자들처럼 나도 내 몸을 드리겠습니다." 이것이 바로 의를 누릴 믿음인 것이다. 그리고 이 믿음은 하나님께 드릴 예배이다.
이 말씀은 평생을 살면서 묵상해야 할 말씀이다. 우리의 바른 믿음이 흔들리지 않도록 마음에 새기고 늘 묵상해 보라. 로마서가 말한 믿음의 개념이 정리될 것이다. 로마서가 말한 믿음은 '드림'이다.

 나는 로마서 12장 1절 말씀을 잘못 이해하고 살았다. 왜냐하면 내가 나중에 믿음이 좋아지면, 내 몸이 주님께 드려지게 될 것이라고 생각했기 때문이다. 얼마나 어리석은 목사였는가!
 이제야 이 말씀의 의미를 깨닫게 되었다. 로마서 1장부터 11장까지 의를 준비하신 하나님께서 우리에게 이렇게 말씀하신다.
 "내가 이렇게 준비한 의를 나는 네가 누렸으면 좋겠다."
 "하나님, 어떻게 누릴 수 있는데요?"
 "믿음으로 누릴 수 있단다."
 "믿음에 대해서 구체적으로 말씀해 주세요."
 "바른 믿음이란 내가 독생자를 대속제물로 드린 것처럼, 예수님이 너의 의를 위해 십자가에 몸을 드린 것처럼, 너도 너희 몸을 산 제물로 드리는 것이란다."
 드리는 것이 믿음이다. 드릴 때 하나님이 준비한 의롭다 함을 받을 수 있다. 드림은 믿음의 출발점이다. 이것이 바울이 외치고 싶은 바른 믿음이다. 믿음은 드림이다.

아브라함과 이삭

 아브라함과 이삭의 믿음이 드림으로 나타난다. 그들의 믿음이 드림으로 나타날 때 하나님께서 그들의 믿음을 인정하셨다. 창세기 22장 12절 말씀이다.

"사자가 이르시되 그 아이에게 네 손을 대지 말라 그에게 아무 일도 하지 말라 네가 네 아들 네 독자까지도 내게 아끼지 아니하였으니 내가 이제야 네가 하나님을 경외하는 줄을 아노라"

야고보서 2장 21절에서 이들의 믿음을 드림이었다고 증언하고 있다.

"우리 조상 아브라함이 그 아들 이삭을 제단에 바칠 때에 행함으로 의롭다 하심을 받은 것이 아니냐"

아브라함이 이삭을 바치는 사건을 깊이 들여다보면 아브라함의 드림과 이삭의 드림이 동시에 이루어졌음을 부인할 수 없다. 이삭이 제물로 드려질 때 나이가 얼마나 되었을까에 대해서 학자들마다 여러 의견들이 있으나 중요한 것은 종들 둘이 돌아가며 지고 갔던 번제에 쓸 나무를 이삭이 질 수 있었다는 점이다. 이 사실이 보여주는 핵심은 이삭이 종들과 동일하게 힘을 쓸 수 있는 완숙한 성년이었다는 사실을 보여주고 있다. 그렇다면 모리아산에 도착한 아브라함이 번제에 쓸 나무를 가지고 단을 만들어 놓고 이삭을 들어 그 제단 위에 눕혀 놓고 죽여야 하는데, 성년으로 자란 이삭을 나이 많아 늙은 아브라함이 어떻게 잡아 드릴 수 있겠는가? 이삭이 동의하지 않으면 불가능한 일이다.

이삭을 드리는 모리아산 현장으로 가보자.

"아버지, 번제할 제물은 어디 있나요?"
"음…"
"아버지, 번제할 제물은 어디 있냐구요?"
"글쎄… 음…"
눈치를 챈 이삭이 아버지에게 말한다.
"아버지, 하나님이 나를 제물로 바치라고 하셨나요?"
아브라함은 대답을 하지 못하고 울음이 터지고 말았다. 통곡하는 아버지를 어루만지며 이삭이 하는 말이다.
"아버지, 하나님이 나를 드리라고 하셨다면 순종하세요."
"이삭아, 차라리 나를 드리라고 하셨으면 내 마음이 더 편했을 텐데… 흐흐흑!"
아버지 아브라함은 또 다시 통곡하고 있었다. 이삭이 아버지를 감싸며 다시 말을 건넨다.
"아버지, 하나님께서 나를 제물로 드리라고 하셨다면 제가 제 몸을 제물로 하나님께 드릴께요."
그리고 이삭은 자기 발로 제단 위에 올라간다. 제단 위에 누워 있는 이삭을 보고 아브라함은 또다시 통곡하기 시작한다. 한참을 통곡한 후에 이삭을 번제로 드리려고 칼을 번쩍 들었을 때 하늘에서 천둥 같은 소리가 들렸다.
"아브라함아, 아브라함아, 칼을 거두어라. 이제야 네가 나를 경외하는 줄을 알겠노라."
제단 위에서 내려온 이삭을 부둥켜 안고 아브라함은 감격에 눈물을 흘리며 하나님을 향해 입을 연다.
"하나님, 감사합니다! 하나님, 감사합니다!"

모리아산 사건을 통해 아브라함의 믿음도 인정받고 이삭의 믿음도 인정을 받게 된다. 이렇듯 믿음은 드림이다. 드림으로 아브라함은 "나의 주인은 내 아들 이삭도 아닙니다. 그리고 나도 아닙니다. 제물도 아닙니다. 나의 주인은 오직 하나님입니다"를 보여주고 있다. 드림이 믿음이다.

마음으로 믿어 의에 이른다고 했는데….
입으로 시인하여 구원에 이른다고 했는데….

로마서 10장 9절에서 10절 말씀을 보라.

"네가 만일 네 입으로 예수를 주로 시인하며 또 하나님께서 그를 죽은 자 가운데서 살리신 것을 네 마음에 믿으면 구원을 받으리라 사람이 마음으로 믿어 의에 이르고 입으로 시인하여 구원에 이르느니라"

로마서 10장 9절과 10절 말씀은 "마음으로 믿어 의에 이르고 입으로 시인하여 구원에 이른다"고 말한다. 마음으로 신뢰하는 믿음과 입으로 시인하고 고백하는 믿음을 말한다. 그렇다면 로마서 12장 1절과 다른 믿음을 말하는 것일까?
 오늘의 상황에서 이 말씀을 보면 전혀 이해가 안 된다. 그런데 로마서가 로마인들에게 전달되었던 1세기로 돌아가서 이 말씀을 보면 이해가 된다.
 1세기 상황으로 돌아가서 생각해 보자. 유대나라와 로마제국,

즉 두 제국이 예수님을 십자가형에 처했다. 예수님은 두 제국에 의해 십자가에서 죽었다. 그리고 그들은 병사들을 파송해서 무덤을 든든히 지켰다. 사흘 만에 예수님은 부활하셨고, 무덤은 비어 있었다. 부활하신 예수님을 만나는 사람들마다 예수님이 구원자와 주인이라고 외치기 시작했다. "예수님이 나의 구주입니다.", "예수님이 나의 왕입니다." 전염병처럼 번져가는 이 복음에 가장 긴장한 곳은 로마황궁이다. 당시에 황제는 신으로 추앙 받았다. 로마 권력의 그늘 아래서 로마의 황제 외에 누구에게도 주라고 시인할 수도 고백할 수도 없었다. 오직 주인은 황제였다.

이런 상황이기 때문에 로마의 힘이 미치는 영역 안에서 예수님을 주로 시인하는 자들은 대부분 직장에서 퇴출당했다. 그리고 콜로세움으로 끌려가 짐승의 밥이 되거나 화형을 당하였다. 부활하신 예수님을 만나는 대부분의 사람들은 고향과 친척을 떠나 카타콤으로 들어갔다. 이런 상황을 이해하고 성경을 보면 그들이 "예수님이 나의 주인입니다"라고 시인하는 것은 그들의 생명을 주님께 드리는 것임을 알 수 있다.-

우리가 잘 아는 교부 중에 폴리갑이라는 사람이 있다. 그는 사도 요한의 제자라고 알려지고 있다. 로마 병사가 폴리갑 교부에게 제안한다.

"교부님, 예수님이 교부님의 주인이신 것을 속으로는 믿으세요. 그러나 입으로 두 번도 아니고 딱 한 번만 예수님이 나의 주인이 아니라고만 말해 주세요. 그러면 제가 교부님을 살려 보낼 수 있습니다. 저는 교부님을 처형하고 싶지 않습니다."

이 말을 들은 폴리갑은 그 로마병사에게 이렇게 대답했다.

"여보게 젊은이! 나를 그렇게 생각해 주니 고맙네. 그런데 나는 그렇게 말할 수 없다네. 왜냐하면 나를 사랑하사 나를 위하여 자신의 몸을 제물로 드리신 예수님은 83년 동안 나를 한 번도 모른다고 하신 적이 없다네. 그런데 내가 어떻게 예수님을 나의 구주가 아니라고 말할 수 있겠는가! 예수님은 나의 구원자요 주인이시라네."

이 고백 후에 폴리갑 교부는 순교의 제물이 되셨다. 당시 상황에서는 마음으로 믿는 것과 입으로 시인하는 것 자체가 자신을 드리는 믿음이었다. 드림이 믿음이다.

드리는 믿음에 있는 놀라운 자유

가끔 염려가 밀려오고 걱정이 엄습할 때가 있다. 그 때마다 나는 이 말씀(롬 12:1)을 묵상한다. 주님께 드려진 내가 염려할 필요가 있는가?

가끔 세상은 크게 보이고 나는 작아 보일 때가 있다. 그 때마다 드려진 나를 생각한다. 하나님의 손에 드려진 나는 작은 존재가 아님을 금방 알게 된다.

가끔 주변에 목회를 참 잘하는 분들과 대화할 기회가 있다. 그들의 말을 들으면서 배우기도 하고 부럽기도 하지만 내가 초라하게 느껴질 때도 있다. 그 때마다 드려진 나를 생각한다. 드려진 내 사역의 열매가 비둘기처럼 초라하다고 해서 하나님이 나를 무시하실까? 드려진 사역의 열매가 보통 다른 사람들과 별반 다르지 않다고 하나님이 그냥 스쳐 지나가실까? 나의 사역의 열매가 황소 같을 때 하나님이 기뻐하실까? 아니다. 드려진 제물은 비둘기이든 양이든 황소이든 다 똑같다. 하나님은 두 달란트냐, 다섯 달란트냐, 경제적인 수치로 보지 않으셨다. 충성을 보셨다. 두 달란트를 남긴 자와 다섯 달란트를 남긴 자에게 하신 칭찬은 똑같았다. 단지 묻어둔 종에게만 책망하시지 않았는가? 드려진 제물로서 최선을 다하면 된다. 열매는 그 분이 거두실 일이다. 그리고 사역의 열매가 크고 작음에 대해서 지금은 모른다. 예수님이 재림하시는 순간까지 가봐야 알 수 있다. 평생 아브라함의 목회 열매는 이삭 하나였다. 이삭의 열매도 야곱 하나였지만 지금도 아브라함과 이삭의 사역의 열매는 멈추지 않고 있지 않은가?

"진리를 알지니 진리가 너희를 자유롭게 하리라"(요 8:32)

드리는 믿음이 죄를 이기게 한다.

죄사함을 받은 신자들은 죄의 유혹을 참 많이 받는다. 가끔은 나도 죄의 유혹을 받는다. 그 때마다 나는 로마서 12장 1절을 묵상한다. 그리고 이렇게 죄에게 말한다.

"나는 이미 드려진 몸이다. 난 산 제물로 하나님께 드렸어. 나는 주님의 손에 드려진 제물이란다. 어찌 드려진 그 제물을 다시 가져다가 죄에게 줄 수 있겠니?"

신비한 일이 나의 내면에서 일어남을 느낀다. 강력하게 죄에

끌리던 나의 마음의 세력이 한 풀 꺾이는 것을 경험하게 된다.
요한일서 5장 4절의 말씀이다.

"무릇 하나님께로부터 난 자마다 세상을 이기느니라 세상을 이기는 승리는 이것이니 우리의 믿음이니라"

세상을 이기는 힘은 우리의 믿음이다. 믿음은 드림이다. 드려진 믿음만이 죄의 유혹을 이길 수 있다. 바른 믿음의 개념을 이해하고 활용하면 할수록 죄를 이기게 된다. 로마서가 말하는 바른 믿음은 드림이다. 드림을 누리라! 드림은 믿음이다. 믿음은 드림이다.

가끔 세상은 크게 보이고 나는 작아 보일 때가 있다.
그 때마다 드려진 나를 생각한다.
하나님의 손에 드려진 나는 작은 존재가 아님을 금방 알게 된다.

Chapter 11

예수님 안에 거하는 것이 믿음이다. 이것을 놓치면 다 놓친다.
나를 구원하기 위해 성부와 성자와 성령의 사역은 은혜 위에 은혜일 뿐이다.

chapter 11
예수 안에 거하는 삶

내 안에 거하라 나도 너희 안에 거하리라…
요 15:4상

성경에 계시된 메시아의 이름은 둘이다. 하나는 마태복음 1장 21절이다.

 "아들을 낳으리니 이름을 예수라 하라 이는 그가 자기 백성
 을 그들의 죄에서 구원할 자이심이라 하니라"

'예수'라는 이름의 뜻은 자기 백성을 그들의 죄에서 구원할 자라는 뜻이다. 이 이름은 예수님께서 태어나시기 식전에 지어주신 이름이다. 그런데 이 이름보다 먼저 구약에서부터 지어진 메시아의 이름이 있다. 마태복음 1장 23절을 보라.

"보라 처녀가 잉태하여 아들을 낳을 것이요 그의 이름은 임마누엘이라 하리라 하셨으니 이를 번역한즉 하나님이 우리와 함께 계시다 함이라"

'임마누엘'이라는 말의 뜻은 하나님이 우리와 함께 거주하기 위해서 오시는 분이라는 뜻이다.

메시아의 이름을 계시하신 이유가 있을까, 없을까? 분명히 있다. 이름 안에 담겨진 메시지가 있기 때문에 자세하게 계시하신 것이다. '예수'라는 이름은 자기 백성들을 죄에서 구원하신다는 뜻이고 '임마누엘'은 하나님이 우리와 함께 거주하신다는 뜻이다. 그렇다면 '예수'하기 위해서 '임마누엘'하실까? '임마누엘'하기 위해서 '예수'하실까? 깊이 생각해 봐야할 문제다.

또 이런 각도에서 생각해 보라. '예수'하는 것이 목적인가? 아니면 '임마누엘'하는 것이 목적인가?

한 걸음 더 나아가 '임마누엘'하기 위해서 하나님이 육신을 입고 이 땅에 등장하셨다고 마태는 증언하고 있다. 메시아는 자기 백성을 죄에서 구원하기 위해서만 십자가를 지실까? 아니면 '임마누엘' 하기 위해서도 십자가를 지실까?

'임마누엘'하기 위해서도 십자가를 지신다. 많은 신자들은 메시아의 이름 중에 예수라는 이름에 머물러 있는 경우가 많다. "나 죄 사함받았어! 나 구원받았어!" 그러나 예수(자기 백성을 죄에서 구원한 일)하신 이유는 바로 임마누엘하기 위함이다.

예수님은 '임마누엘'하기 위해서 성육신하셨다.

예수님은 '임마누엘'하기 위해서 십자가를 지신다.

예수님은 '임마누엘'하기 위해서 부활하신다.
예수님은 '임마누엘'하기 위해서 승천하신다.
예수님은 '임마누엘'하기 위해서 보혜사를 보내주신다.

요한복음 14장에는 '임마누엘'하시기 위한 모든 프로그램이 기록되어 있다. 십자가의 구속, 부활, 승천, 성령강림이다. 임마누엘의 최종 프로그램이 성령을 부어주시는 사건이다. 성령의 기름부으심을 통해 시간과 공간을 초월하여 예수님과 온전히 연합된다. 이 사실에 대하여 고린도전서 12장 13절은 이렇게 표현하고 있다.

"우리가 유대인이나 헬라인이나 종이나 자유인이나 다 한 성령으로 세례를 받아 한 몸이 되었고 또 다 한 성령을 마시게 하셨느니라"

요한복음 14장은 근심하는 제자들에게 근심할 필요가 없다는 말씀으로 시작한다. 예수님이 수난당하시고 십자가에서 죽으시는 이유가 '임마누엘'하기 위함이라고 말한다. '임마누엘'하여 그들과 함께 살기 위해 예수님은 지금 십자가를 지러 가고 있다고 말한다. 그러기에 예수님은 1절에서 "근심하지 말라"고 하신다.

근심할 이유가 없는 이유를 2절부터 말씀하신다. 2절을 자세히 읽어보라.

"내 아버지 집에 거할 곳이 많도다 그렇지 않으면 너희에게 일렀으리라 내가 너희를 위하여 거처를 예비하러 가노니"

예수님이 십자가를 지러 가는 것은 거처를 예비하러 가는 것이라고 말한다. 여기서 말한 거처가 무엇일까? 천국에 있는 집일까?

이 말씀을 이해하려면 '임마누엘'하기 위해 이 땅에 오실 메시아를 예언했던 신명기 33장 26절과 27절의 예언을 이해해야 한다.

"여수룬이여 하나님 같은 이가 없도다 그가 너를 도우시려고 하늘을 타고 궁창에서 위엄을 나타내시는도다 영원하신 하나님이 네 처소가 되시니 그의 영원하신 팔이 네 아래에 있도다 그가 네 앞에서 대적을 쫓으시며 멸하라 하시도다"

나를 도우려고 하늘을 타고 궁창에 위엄을 나타내는 분이 누구인가? 영원하신 하나님이 이 땅에 오셔서 나의 성전(집, 거처, 처소)이 되어주신 분이 누구인가? 영원하신 팔로 나를 안아주시는 분이 누구인가? '임마누엘'하기 위해 이 땅에 오신 예수 그리스도가 아닌가? 그렇다! 나의 영원한 처소가 되기 위하여, 즉 성전이 되어 주시기 위하여, '임마누엘'하시기 위하여 오신 예수님은 십자가를 짐으로 그 일을 이룰 수 있기에 그 길을 가시는 것이다.

요한복음 14장 3절 말씀을 보라.

"가서 너희를 위하여 거처를 예비하면 내가 다시 와서 너희를 내게로 영접하여 나 있는 곳에 너희도 있게 하리라"

거처를 예비하면 다시 "너희를 내게로 영접하여 예수님 나 있는 곳에 그들도 있게 하겠다"는 말씀이 언제 이루어지는가? 예수님 재림하실 때인가? 아니면 부활하신 후에 제자들을 찾아오실 때인가? 아니면 부활하시고, 승천하시고, 또 성령(다른 보혜사)을 보내 주실 때인가? 요한복음 14장 20절을 보라. 그 때가 언제인가?

> "그 날에는 내가 아버지 안에, 너희가 내 안에, 내가 너희 안에 있는 것을 너희가 알리라"

그 날에는 예수님이 내 안에 있는 것을 알고 내가 예수님 안에 있는 것을 선명하게 알게 된다는 것이다.

그렇다면 그 날이 언제일까? 16절과 17절을 자세히 읽어보라.

> "내가 아버지께 구하겠으니 그가 또 다른 보혜사를 너희에게 주사 영원토록 너희와 함께 있게 하리니 그는 진리의 영이라 세상은 능히 그를 받지 못하나니 이는 그를 보지도 못하고 알지도 못함이라 그러나 너희는 그를 아나니 그는 너희와 함께 거하심이요 또 너희 속에 계시겠음이라"

그 날이 성령받을 때라고 말한다.

예수님 공생애 시절에 예수님 안에 누가 계셨는가? 성령님이 계셨다. 예수님은 성령으로 잉태되시고, 세례 받으실 때 성령이 임했다. 그리고 성령님의 이끌림을 받으셨다. 예수님이 계신 곳에는 언제나 성령님이 계셨다. 그렇다면 성령님이 임하신 곳에는 예수님이 계실까, 안 계실까? 18절과 19절을 보라. 이 질문에 답이 있다.

"내가 너희를 고아와 같이 버려두지 아니하고 너희에게로 오리라 조금 있으면 세상은 다시 나를 보지 못할 것이로되 너희는 나를 보리니 이는 내가 살아 있고 너희도 살아 있겠음이라"

요한복음 14장을 통해 보여준 복음의 내용이 이렇다. 예수님은 우리의 영원하신 처소가 되시기 위해 십자가를 지러 오셨다. 십자가를 지시는 이유는 '예수'하기 위해서요, '임마누엘'하시기 위해서이다. 예수님은 '임마누엘'하기 위해 십자가를 지시고, 부활하시고, 승천하셨다. 그리고 보혜사를 아버지께 구해서 부어 주셨다. 이렇게 함으로 '임마누엘'하기 위한 모든 사역의 프로그램을 완성하신 것이다.

프로포즈

성경은 그리스도와의 연합을 임마누엘이라고 하지만 결혼이라고도 표현한다. 에베소서 5장 31절과 32절을 보라.

"그러므로 사람이 부모를 떠나 그의 아내와 합하여 그 둘이 한 육체가 될지니 이 비밀이 크도다 나는 그리스도와 교회에 대하여 말하노라"

그리스도를 신랑으로, 그리스도와 연합된 자들을 신부로 표현한다. 이런 표현으로 요한복음 14장을 말한다면 이제 신랑된 그리스도는 신부를 맞이할 준비가 다 된 것이다. 신부를 맞이할 준비를 다 해놓은 신랑은 신부를 찾아간다. 신부를 찾아간 이유는 프로포즈하기 위해서이다. 신랑된 그리스도의 프로포즈(propose) 장이 요한복음 15장이다.

신랑된 그리스도가 신부를 위해 신혼방도 다 준비했다. 행복한 삶을 살기 위해 필요한 모든 것이 다 준비되었다. 신랑이 갖출 것은 다 갖추었다. 한 가지만 있으면 결혼할 수 있고 행복한 결혼 생활이 시작될 수 있다. 모든 것을 준비한 신랑은 요한복음 15장에서 꽃다발을 들고 청혼하기 위해 등장한다. 그가 준비한 꽃다발은 이 세상에서 가장 진귀한 꽃다발이었다. 자신의 몸을 찢고 피를 쏟아 만든 가장 아름다운 의의 꽃 수억 송이를 준비하여 함께 살고 싶은 신부에게 프로포즈하기 위해 찾아간다.

"난 당신과 함께 살고 싶습니다. 당신이 없는 나는 행복할 수 없었습니다. 당신이 없으니 내 아버지도 행복하지 못하답니다. 저와 결혼해 주세요. 제발 부탁입니다. 저는 당신을 사랑합니다. 내 목숨보다 나는 당신을 더 사랑합니다. 그 증거가 내 몸을 쪼개어 만든 의의 꽃다발이랍니다. 저와 함께 살아요. 당신이 준비할 것은 아무것도 없습니다. 그냥 내 안에 거하면 됩니다. 그러면 나를 당신에게 드릴께요." 이 프로포즈가 요한복음 15장 4절이다.

"내 안에 거하라 나도 너희 안에 거하리라…"

'임마누엘'하기 위해 오신 예수님이 요한복음에서 말씀하신 믿음은 "내 안에 거하라"이다.

예수님 안에 거하는 것이 믿음이다. 이것을 놓치면 다 놓친다. 나를 구원하기 위한 성부와 성자와 성령의 사역은 은혜 위에 은혜일 뿐이다. 이 은혜에 내가 응답해야 하는 믿음은 "나를 찾아오신 예수님, 나도 예수님 안으로 들어갑니다" 하는 것이다. 이것이 믿음이다. 믿음이란 '임마누엘'하기 위해 오신 예수님 안으로 들어가 그와 더불어 사는 것이다. 나의 영원한 처소가 되기 위해 정성을 쏟으신 그 분 안에 들어가는 것이다.

프로포즈하기 위해 예수님은 나는 참 포도나무요, 내 아버지는 농부요, 너희는 가지라고 말씀하신다. 이 비유의 핵심은 이것이다. 포도나무와 가지와 농부는 서로 떨어지면 서로가 불행한 관계이다. 가지의 운명은 포도나무와 하나되는 것이며, 포도나무를 통하여 하늘의 모든 에너지와 땅의 모든 에너지가 가지의 것이 된다. 뿐만 아니라, 포도나무가 가지를 100% 책임질 것이고, 농부가 사랑으로 기르신다. 그러므로 예수 안에 있는 인생에게 얼마나 눈부신 미래가 있겠는가를 보여주고 있다.

동시에 농부에게 있어서 포도나무는 있는데 가지가 없으니 행복할 수 없고, 나무도 농부는 있는데 가지가 없으니 행복할 수 없다는 하나님의 속마음을 드러내기 위해서 이 비유를 말씀하신다. 참으로 예수님의 표현은 정교하고 빈틈이 없음을 발견하게 된다. 서로가 없으면 불행한 관계이기에 가지를 찾아오신 예수님이 그 사실을 그대로 표현하고 계신 것이다.

가지를 찾아오신 신랑은 프로포즈를 받아드릴 때까지 그 사람을 떠나지 않고 그의 마음의 문을 두드리고 계신다고 계시록 3장

20절은 말씀하고 계신다.

"볼지어다 내가 문 밖에 서서 두드리노니 누구든지 내 음성을 듣고 문을 열면 내가 그에게로 들어가 그와 더불어 먹고 그는 나와 더불어 먹으리라"

예수님께서 문을 두드리는 목적이 무엇인가? 그에게로 들어가 그로 더불어 먹고 그는 예수님으로 더불어 먹게 하려는 것이다. 바로 '임마누엘'하기 위해서이다.

나는 요즈음 이 노래를 부르며 감격해서 울곤 한다.

    1) 목마른 사슴이 시냇물 찾듯
       나의 주님 이 죄인을 찾으셨도다
    2) 험산 준령 헤메이는 어린양 찾아
       나의 주님 산 가시에 찔리셨도다
    3) 양 아흔 아홉 마리 그보다 더욱
       길 잃은 한 마리 양 사랑했도다
    4) 어린 목자 내주 예수 이 몸 붙드사
       푸른 초장 물가로 인도합소서
  후렴) 양을 위해 생명 바친 목자의 수고
       그 사랑을 잠시라도 잊지 말지라

나와 함께 거주하시려고 애타게 찾아오신 예수님, 포기하지 않고 마음의 문을 두드리시는 그 예수님을 온 마음과 정성을 다해 전인격적으로 영접하는 것이 바로 그 분 안에 들어가는 믿음이다. 믿음이란, 아는 것과 신뢰와 시인과 고백을 뛰어넘어서 지, 정, 의, 전인격으로 예수님을 영접한다는 것이다. 그리고 임마누엘하기 위해 오신 예수님 안으로 전인격이 들어가는 상태를 의미한다. 예수 영접기도로 모든 믿음의 절차가 끝난 것이 아니다. 예수님 안에 거주하는 삶이 믿음이다. 이것을 놓치면 안 된다.

예수 안에 거할 때

예수님 안에 거주하는 상태가 믿음이다. 이 믿음으로 살 때 어떤 일들이 믿음의 사람들을 통해 드러나는가? 요한복음 14장 12절을 주의깊게 읽어보라.

> "내가 진실로 진실로 너희에게 이르노니 나를 믿는 자는 내가 하는 일을 그도 할 것이요 또한 그보다 큰 일도 하리니 이는 내가 아버지께로 감이라"

나를 믿는 자는 나의 하는 일을 그도 할 것이요 이보다 더 큰 일도 할 수 있다고 말씀하신다. 내 안에 거주하는 자는 나의 하는 일을 그도 할 것이요 이보다 더 큰 일도 한다는 말씀이다. 이 말씀을 사실적으로 표현하면 이렇다.

"너희가 내 안에 거주하면 내가 네 안에서 너를 통해 하는 일을 계속할 것이다. 아니, 이제까지 내가 했던 일보다 더 큰 일도 너를 통해 할 것이다" 라는 뜻이다. 그러므로 예수님 안에 거주하는 믿음으로 사는 자는 예수님의 일하심을 경험할 수밖에 없다.

내 인생에 이 말씀은 날마다 실제가 된다.
복음 안에 눈부신 미래가 있다.
내가 살아온 동안에 내 안에 계신 예수님을 빼버리면 나는 할 이야기가 아무것도 없다. 나의 모든 삶은 내 안에 계신 그 분의 삶이며, 내가 했던 모든 일들은 내 안에서 나를 통해 그 분이 하신 일들이었다.

이 말씀의 의미를 모르고 믿는 자들은 예수님보다 더 큰 일을 할 수 있다고 큰 소리 치다가 별 일들이 나타나지 않으면 자신의 믿음이 부족해서 그렇다고 생각하면서 두 손 들고 "믿습니다. 믿습니다"만 수천 번을 외친다. 정적으로 느끼는 신뢰지수가 믿음이라고 생각한 것이다. 정적인 측면도 물론 중요하지만 요한복음 14장 12절에 말하는 믿음의 개념은 예수님 안에 거하는 삶을 말하고 있다. **예수님 안에 거주하는 상태가 믿음이다.**

Chapter 12

성경은 믿음의 종합세트를
아브라함을 통해 보여주고 또 바울을 통해 보여주고 계신다.

chapter 12
믿음의 종합세트

> 내가 그리스도와 함께 십자가에 못 박혔나니
> 그런즉 이제는 내가 사는 것이 아니요
> 오직 내 안에 그리스도께서 사시는 것이라
> 이제 내가 육체 가운데 사는 것은
> 나를 사랑하사
> 나를 위하여
> 자기 자신을 버리신
> 하나님의 아들을 믿는 믿음 안에서 사는 것이라
> 갈 2:20

    그리스도인들 중에 '믿음은 천지를 창조하시고 인간을 구원하기 위해 독생자를 주신 유일하신 하나님을 아는 믿음과 예수님을 구원자와 주인으로 느끼고 고백하는 입술의 믿음'으로 모든 믿음의 절차가 끝난 것처럼 생각하는 사람들이 있다. 그리고 그 구원의 확신을 가지고 사는 자들이 의외로 많다.

    이렇다 보니 복음 안에 행복을 누리지도 못하고, 복음 안에 눈부신 미래도 경험하지 못하고, 오히려 세상이 걱정할 정도의 기독교가 되어 버리고 말았다.

    바른 믿음과 다른 믿음에 관해서 구분하지 못하는 자들을 위해 창세기부터 시작해서 요한계시록까지 성경이 말하는 믿음의 개념을 이해하도록 하기 위해 달려 왔다.

신약이 성취된 복음이라면 구약은 약속의 복음이요, 신약이 건물복음이라면 구약은 설계도면과 같은 복음이다. 자세하고 세밀한 부분을 알려면 설계도면 복음인 구약성경을 보아야 한다.

하나님은 믿음의 조상 아브라함을 통해 믿음의 종합세트를 보여 준다. 로마서 4장 3절에서 무엇을 말하는가?

"성경이 무엇을 말하느냐 아브라함이 하나님을 믿으매 그것이 그에게 의로 여겨진 바 되었느니라"

아브라함이 무엇으로 의롭다 함을 받았는가? 바로 믿음으로 의롭다 함을 받은 것이다. 로마서 4장 3절 이하를 읽다보면 12절에서 놀라운 사실을 발견하게 된다.

"…우리 조상 아브라함이 무할례시에 가졌던 믿음의 자취를 따르는…"

믿음의 자취란 믿음의 발걸음을 말한다. 믿음의 발걸음은 바로 믿음의 종합세트이다. 아브라함의 믿음의 종합세트를 살펴보면 떠남, 따름, 드림 세 단어로 요약이 된다.

아브라함은 이 믿음으로 어떤 결과를 얻게 되는가? 야고보서 2장 23절을 주의 깊게 살펴보라.

"이에 성경에 이른 바 아브라함이 하나님을 믿으니 이것을 의로 여기셨다는 말씀이 이루어졌고 그는 하나님의 벗이라 칭함을 받았나니"

바로 의롭다 함을 받고 하나님의 벗이라는 칭함을 받게 된다.
이와 같이 구약성경을 통해서 보여준 믿음과 복음서에 예수님이 가르쳐 주신 믿음과 이를 이해하기 쉽게 설명해 준 서신서들을 통해서 바른 믿음을 살펴본 결과 몇 가지 핵심인 믿음의 요소들을 볼 수 있었다. 그것은 떠남이요, 주인을 바꾸는 것이요, 전적 의탁이요, 따름이요, 드림이요, 예수님 안에 거주하는 삶이었다.
전지하신 성령님은 다양한 믿음을 종합세트로 만들어 우리에게 알사탕처럼 한 입에 딱 들어맞게 만들어 주셨다. 이 믿음의 종합세트는 마태복음 16장 24절이다. 그리고 이를 잘 설명해 주는 말씀이 갈라디아서 2장 20절이다.

예수님께서 말씀하신 믿음은 단순하게 "이것이 믿음이다" 혹은 "믿음은 0000다" 라는 식으로 표현될 수 없다. 왜냐하면 지금까지 살펴본 바와 같이 믿음의 개념이 넓고 깊기 때문이다. 그래서 성경은 믿음을 단순하게 정의하지 않는다. 히브리서 11장1절에서 그렇게 정의하고 있지만 그것도 믿음의 모든 내용을 표현했다기보다 믿음의 한 면을 표현했을 뿐이다. "믿음은 바라는 것들의 실상이다. 보이지 않는 것들의 증거다." 이 정의가 구약과 신약에서 말하는 바른 믿음의 내용을 다 담고 있지는 않다. 성경의 여러 부분에서 믿음에 대한 내용들이 많이 표현되어 있다. 주의 이름을 부르는 것에서부터 마음으로 믿는 것, 입으로 시인하는 것, 영접하는 것 등 믿음의 조각들이 수도 없이 많다. 이런 수도 없이 많은 믿음의 조각들이 모아져 믿음의 모자이크 작품을 만들어 내고 있는 것이다. 그 작품이 바로 갈라디아서 2장 20절이다.

> 내가 그리스도와 함께 십자가에 못 박혔나니
> 그런즉 이제는 내가 사는 것이 아니요
> 오직 내 안에 그리스도께서 사시는 것이라
> 이제 내가 육체 가운데 사는 것은
> 나를 사랑하사
> 나를 위하여
> 자기 자신을 버리신
> 하나님의 아들을 믿는 믿음 안에서 사는 것이라

이 말씀 안에 믿음에 대한 다양한 조각들, 떠남, 주인 바꿈, 전적 의탁, 따름, 드림, 예수님 안에 거주하는 삶이 모아져서 가장 멋지고 아름다운 믿음의 작품을 이루고 있다.

세상과 죄악에서 떠남으로 예수님 안에 들어가게 된다. 전적 의탁을 통해 예수님 안에서 예수님과 함께 하나님의 나라를 산다. 내 자신을 드림으로 그 분과 동행하게 된다. 예수님 안에 거하는 연합이 거듭남이다.

예수님과 함께 산다는 것은 예수님을 전인격적으로 영접했다는 것이며 세상을 떠나 예수님 안으로 들어갔다는 의미이다. 영접했다는 것은 예수님과 함께, 예수님을 따라 산다는 것이다. 예수님과 연합했다는 것은 세상을 떠났다는 것이며 주인이 완전히 바뀌었다는 것이다. 나는 죽고 예수님을 따라 산다는 것은 온전히 자신을 의탁했다는 것이요, 드렸다는 의미이다.

그러므로 갈라디아서 2장 20절은 믿음의 종합세트이다. 갈라디아서 2장 20절을 요약하면 "나는 죽고 예수님을 따라 산다"이다. 이 안에 떠남, 주인 바뀜, 전적 의탁, 따름, 드림, 예수님 안에 거주하는 삶이 다 들어 있다.

성경은 믿음의 종합세트를 아브라함을 통해 보여주고 또 바울을 통해 보여주고 계신다.

바울은 예수님과 함께 산다.

바울은 예수님을 따라 산다.

그리고 자신 안에 계신 예수님께 자신을 온전히 드린다.

내가 주를 본받는 자 된 것 같이 너희들은 나를 본받으라고 외쳤던 바울은 믿음의 종합세트를 보여주는 모델이다. 믿음의 조상 아브라함과 바울을 믿음의 사표로 삼는다면 당신의 인생은 믿음의 역사로 가득차게 될 것이다.

아브라함과 바울은 바른 믿음으로 복음 안에서 하나님의 나라를 누렸다. 그리고 복음 안에서 눈부신 미래를 경험했다. 이렇듯 바른 믿음이 인생을 행복하게 한다. 그리고 바른 믿음이 인생을 더 풍성케 한다.

바울의 모습을 따르고 싶다면 갈라디아서 2장 20절을 따라 살면 된다. 십자가 복음으로 온전히 예수님과 연합되어 예수님과 함께 살고, 나는 죽고 예수님을 따라 살고, 내 안에 나의 주인 되신 그

분에게 바울처럼 관제와 같이 부어드리는 삶을 살면 된다.

나는 이 말씀만 생각하면 눈에서 눈물이 난다. 마른 막대기와 같은 나를 성전삼고 계시는 주님께 정말 감사하다. 내가 그 분을 무시하고 화낼 때도 있었고, 부정직할 때도 있었고, 교통법규를 위반할 때도 있었지만 그 분은 여전히 나의 주인이 되시고 나의 목자가 되신다. 내 안에 계신 그 분을 생각하면 정말 고맙고 감사하다.

갈라디아서 2장 20절을 요약하면
"나는 죽고 예수님을 따라 산다"이다.
이 안에 떠남, 주인 바꿈, 전적 의탁, 따름, 드림,
예수님 안에 거주하는 삶이 다 들어 있다.

Part3

믿음 안에서
누릴 보물들

세상에서 그리스도 때문에 받는 은혜보다는
그리스도에게 헌신하는 은혜가 더 귀하고 복되다.
이런 하나님의 나라는
오직 이 땅에서만 누릴 수 있는 하나님 나라이다.

Right Faith Different Faiths

Chapter 1

모든 인생은 전략을 찾기 위해 애를 쓰고 있다.
그렇다면 인생 승리를 위한 전략은 어디에서 찾을 수 있을까?

chapter 1
승리

너는 전략으로 싸우라
승리는 지략이 많음에 있느니라
잠 24:6

요즘 들어서 우리를 불안하게 하는 뉴스들이 많이 들려온다. "국가 부채 몇 조가 늘어났다. 국영기업체의 부채도 자꾸 늘어난다. 지자체들의 부채도 늘어난다. 가계부채도 위험수위를 넘었다."

이런 뉴스를 들을 때마다 '이 시대의 정치지도자들에게 전략이 있는가?' 라는 생각이 든다. 왜냐하면 전략이 없는 정책들이 국민 생활을 멍들게 하기 때문이다. 전략 없이 표를 얻기 위해 급조된 정책들이 결국은 국민들의 삶을 더욱 힘들게 하고 있는 것이 현실이다.

전략 = 승리

'순진한 양도 우수한 전략을 가지고 있으면 코끼리를 이긴다'

는 말이 있다.

지난 2013년 10월 5일에 베트남의 보구엔지압 장군이 102세로 사망하였다. 미국 언론이 20세기 최고 명장으로 칭찬하였던 전략가다. 그는 160cm 작은 키의 전직 교사로 군사훈련을 받은 적이 없다. 그런데도 그의 전략은 탁월했다.

2차 세계대전이 끝난 후 프랑스는 베트남을 식민지로 계속 점령하고 싶었다. 이에 프랑스는 1953년 북부 국경 도시 디엔비엔푸에 1만 5천 명의 군대를 파견하고 전차와 야포를 배치하며 군용기 활주로까지 건설하였다. 프랑스군은 지배를 위한 모든 것이 완벽하게 끝났다고 확신하였다.

그러나 1954년 3월부터 시작된 전투에서 보구엔지압 장군이 이끄는 베트남 군대에 의해 프랑스군은 3천 명이 죽고 1만 2천 명이 포로로 잡히고 말았다. 결국 프랑스는 베트남에서 철수할 수밖에 없었다.

그 후 미국이 강한 군사력과 엄청난 경제력을 앞세워 베트남을 침공했다. 보구엔지압 장군은 1968년 1월 베트남 국경도시 케산에 2만 병력을 투입하는 것을 눈가림으로 하여 미국의 관심을 돌린 뒤, 베트남 중요 도시를 공격하여 공세를 전개하였다. 이 전투에서 베트남군 3만 5천 명이 희생되었으나 미국을 멋지게 이겼다. 미국도 항복을 선언하고 베트남에서 철수하게 된다.

그 후 1979년 또다시 중국이 8만 5천 명의 군대로 베트남을 공격하기 시작했다. 힘겨운 전투가 시작된 것이다. 보구엔지압 장군이 이끄는 군대에 의해 중국군은 3만 명의 전사자를 내고 철수하였다.

결국 양은 우수한 전략으로 코끼리 세 마리와 싸워 이긴 것이다. 베트남을 승리로 이끈 보구엔지압 장군의 전략은 세 가지다.

첫째, 나는 적들이 원하는 시간에 싸우지 않는다.
둘째, 나는 적들이 원하는 장소에서 싸우지 않는다.
셋째, 나는 적들이 예상하는 방법으로 싸우지 않는다.
이것이 그 유명한 보구엔지압의 삼불(三不)전략이다.

이처럼 승리는 전략에 달려 있다. 우리나라도 양과 같을 때가 있었다. 백성들이 하루 밥 세 끼를 먹지 못할 정도로 열악한 경제 여건이었던 1960년대에 세웠던 경제개발 5개년 전략이 오늘을 만들지 않았는가? 이처럼 나라의 흥망성쇠도 전략에 달려있음을 부인할 수 없다.

기업의 흥망성쇠도 전략에 달려 있다. 잘 되는 기업과 안 되는 기업은 전략에서 차이가 난다.

인생도 마찬가지다. 그래서 하나님은 잠언 24장 6절을 통해 이렇게 말씀하신 것이다.

"너는 전략으로 싸우라 승리는 지략이 많음에 있느니라"

전략의 보고

현대인들은 스마트폰과 인터넷에 올인하고 있다. 물론 게임을 하는 사람도 있지만 대부분 정보를 찾는다. 꼬여가는 인생문제를 풀 수 있는 답을 찾고 있는 것이다. 어떻게 하면 자기 인생을 멋지게 펼칠 수 있을까에 대한 길을 찾고 있다. 전략을 찾고 있는 것이다. 왜 연구를 하는가? 왜 학원에 다니는가? 전략을 얻기 위함이 아닌가? 이렇듯 모든 인생은 전략을 찾기 위해 애를 쓰고 있다. 그렇다면 인생 승리를 위한 전략은 어디에서 찾을 수 있을까?

유태인들은 전략을 성경과 탈무드에서 주로 찾는다. 탈무드는 성경의 원리를 적용함으로 경험했던 선조들의 경험들을 후손들에게 전수해 주기 위해 모은 '전략 모음집'이라고 할 수 있다. 탈무드는 성경 해설집과 같다. 그러므로 그들은 성경에서 전략을 찾고 있는 것이다.

2013년 노벨상 수상자 아홉 명이 발표됐다. 그 중에 여섯 명이 유태인이다. 현재까지 노벨상 수상자 30%가 유태인들이다. 이것이 무엇을 증명해 주는가? 성경이 전략의 보고라는 것이다.

이스라엘 정보기관 모사드(MOSSAD)의 좌우명이 무엇인줄 아는가? "전략으로 싸우라 승리는 지략이 많음에 있느니라" 즉 잠언 24장 6절이다. 그들은 인생을 승리하기 위해 성경 속에서 전략을 찾는다. 성경은 전략의 보고이다. 성경에서 하나님은 우리에게 말씀하셨다.

"이 율법책을 네 입에서 떠나지 말게 하며 주야로 그것을 묵상하여 그 안에 기록된 대로 다 지켜 행하라 그리하면 네 길이 평탄하게 될 것이며 네가 형통하리라"(수 1:8)

성경은 전략의 보고라고 할 수 있다. 성경에서 우리는 세상을 이길 지략을 얻고, 인생의 모든 문제를 풀 수 있는 지혜와 승리의 전략을 얻을 수 있다.

성경 속에서 우리들은 '완전하신 하나님이 완전한 인간의 옷을 입고 이 땅에 오셔서, 구원의 문을 활짝 열어주고 수많은 영혼들에게 생명과 천국의 희망을 주셨던' 예수님의 전략을 보게 될 것이다.

성경 속으로 들어가 보면 탁월한 전략으로 승리했던 많은 인물들을 보게 된다. 하나님의 계시 전달 방법(장르) 중에 역사적인 이야기가 가장 많다. 왜냐하면 역사적 사건을 통해서 귀중한 진리를 이해하기 쉽고 적용하기 쉽도록 보여줄 수 있기 때문이다.

일흔 다섯이 되도록 자식이 없었던 자가 믿음의 조상으로 우뚝 선 아브라함의 전략이나, 노예로 끌려간 이방 소년이 총리가 되는 요셉의 전략이나, 미디안 광야에서 양을 친 80살의 노인이 출애굽의 영웅으로 떠오른 모세의 전략이나, 가나안 정복의 영웅 여호수아의 전략이나, 광야의 양치기 소년이 나라를 위기에서 건져내고 왕위에 오른 다윗의 전략이나, 포로로 잡혀가 총리로 우뚝 선 다니엘의 전략이나, 로마를 복음 앞에 무릎 꿇게 만들고 세계선교의 초석을 놓은 바울의 전략들 모두 성경 속에 나타난 전략들이다.

탁월한 전략

예수님의 전략과 성경이 클로즈업하여 보여준 인물들의 전략을 살펴보면 하나같이 단순했다.

예수님

"전략으로 싸우라 승리는 지략이 많음에 있느니라"고 말씀하신 예수님께서 전략으로 싸우지 않으시겠는가? 예수님의 삶을 전략이라는 관점으로 보면 그 분의 모든 삶이 전략적이었음을 부인할 수 없다.

육신을 입고 이 땅에 오셔서 보여주신 예수님의 전략은 마태복음 16장 24절이다.

> "…누구든지 나를 따라오려거든 자기를 부인하고 자기 십자가를 지고 나를 따를 것이니라"

예수님은 탁월한 인생승리의 전략으로 이것을 말씀하셨다. 제자들에게 말씀하신 그대로 예수님도 꼭 그렇게 사셨다. 예수님은 성부 하나님 앞에 자기를 부인하고 자기 십자가를 지고 온전히 성부 하나님을 따르는 삶을 사셨다. 요한복음 5장 19절을 보라.

> "…아버지께서 하시는 일을 보지 않고는 아무 것도 스스로

할 수 없나니 아버지께서 행하시는 그것을 아들도 그와 같이 행하느니라"

이것이 예수님의 전략이었다. 아버지의 인도함이 없이는 아무 것도 스스로 하지 않으셨다. 예수님의 전략은 철저하게 성부 하나님을 따라 사는 것이었다. 이렇게 단순한 전략이 어디에 있겠는가? 너무 단순해서 전략처럼 보이지도 않는다. 그러나 이 전략은 탁월한 전략이었다.

바른 믿음의 사람들

일흔 다섯이 되도록 자식이 없었던 자가 믿음의 조상으로 우뚝 선 아브라함의 전략을 살펴보자. 히브리서 저자는 아브라함의 인생 승리의 전략을 한 마디로 히브리서 11장 8절로 표현한다. "믿음으로 아브라함은 부르심을 받았을 때에 순종하여 장래의 유업으로 받을 땅에 나아갈새 갈 바를 알지 못하고 나아갔으며"라고 한다. 하나님 앞에서 철저하게 자기를 부인하고 하나님을 따라 산 것이다. 이것이 아브라함의 전략이다. 물론 아브라함도 하나님의 말씀을 따라가다가 자기 생각을 따라 살 때도 있었다. 그래서 애굽으로 내려가 아내를 빼앗기는 큰 아픔을 겪게 되기도 하고, 사라의 말을 따라 이스마엘을 낳으므로 큰 아픔과 홍익을 치르기도 했다. 그러나 창세기 22장에서 이삭을 모리아산에 제물로 드리라는 명령 앞에 순종했던 아브라함의 성숙된 삶은 마태복음 16장 24절의 모습이었다. 이것이 바로 아브라함의 인생 승리의 전략이었다.

　노예로 끌려간 이방 소년이 총리가 되는 요셉의 전략도 마찬가지이다. 그는 어떤 상황에서도 자기 자신의 생각을 따라가거나 자기의 부정적 감정을 따라 행동하지 않았다. 보디발의 아내가 유혹할 때 "…내가 어찌 이 큰 악을 행하여 하나님께 죄를 지으리이까"(창 39:9) 이 말씀의 의미가 무엇일까? "나의 주인은 하나님입니다. 나는 하나님께 드려진 몸입니다. 어찌 드려진 제물을 다시 가져와 창기로 삼을 수 있겠습니까?"라는 말이다. 이것이 바로 요셉의 전략이었다.

　미디안 광야에서 양을 친 80살의 노인이 출애굽의 영웅으로 떠오른 모세의 전략을 보라. 그가 애굽을 하나님 앞에 무릎 꿇게 하고 그 백성을 출애굽시킨 전략은 오직 자기를 부인하고 하나님을 따르는 삶이었다.

　가나안 정복의 영웅 여호수아의 전략도 마찬가지이다. 그는 하나님 앞에서 자기를 부인하고 오직 하나님을 따라 살았다. 하나님은 가나안을 점령할 때 북쪽부터 점령하라고 하지 않으셨다. 남쪽부터 점령하라고도 하지 않으셨다. 대신 하나님은 중부지역에 있는 여리고를 먼저 점령하라고 하셨다. 그는 하나님의 명령대로 순종했다. 하나님의 말씀을 따라 여리고성을 함락시키고 나니 하나님의 놀라운 수를 볼 수 있었다. 여리고성이 함락되니, 강력한 철제무기로 무장한 가나안 족속들이 북쪽과 남쪽이 연합해서 방어공세를 펼 수 없게 된 것이었다. 이 전략 때문에 가나안 정복이 쉽게 이루어질 수 있었던 것이다. 이 전략을 가장 많이 사용한 왕이 나폴레옹이다. 인천 상륙작전도 이 전략을 사용한 것이다. 이처럼 가나안을 정복한 여호수아의 전략도 하나님 앞에 자기가 부인되고 오직 하나님을 따라 사는 것이었다. 이것이 바로 여호수아의 전략이었다.

광야의 양치기 소년이 나라를 위기에서 건져내고 왕위에 오른 다윗의 전략을 살펴보자. 다윗이 오직 하나님을 의지하고 하나님께 물으며 하나님을 따라 살 때는 대적할 자가 없을 정도로 승리의 깃발을 올렸다. 그러던 다윗이 하나님 앞에서 자기를 부인하지 않고 정욕을 따라서 살 때 비참해지는 것을 보게 된다. 다윗은 자기를 부인하지 않고 자기 생각이나 자기 정욕을 따르다가 삶으로 겪었던 아픔과 고통을 통해, 하나님을 따라 사는 삶이 얼마나 탁월한 인생 승리의 전략인가를 절절히 느끼게 되었다. 다윗에게 인생 승리의 전략이 무엇이냐고 물으면 다윗은 자기를 부인하고 하나님을 따라 사는 것이라고 확실하게 말할 것이다.

포로로 잡혀가 총리로 우뚝 선 다니엘의 전략을 살펴보라. 다니엘을 연구해 보면 입이 '떡!' 벌어질 때가 많다. 나라들이 망해도 다니엘은 망하지 않았기 때문이다. 이스라엘이 망해도 그는 망하지 않았다. 바벨론이 망해도 그는 망하지 않았다.

그렇다면 다니엘의 전략은 무엇인가? 다니엘의 인생 승리의 전략도 단순하다. 다니엘의 주인은 언제나 하나님이었다. 그리고 그는 언제나 기도로 하나님과 동행하며 살았다. 그리고 오직 하나님께서 이끄시는 대로 살았다. 이것이 바로 다니엘의 승리의 전략이었다.

바른 믿음으로 사는 것이 바로 인생승리의 전략이다. 마태복음 16장 24절이 사람을 이렇게 멋지고 능력있게 세워가는 것이다.

"…누구든지 나를 따라오려거든 자기를 부인하고 자기 십자가를 지고 나를 따를 것이니라"

예수님은 이 전략대로 사셨다. 그리고 이 말씀을 인생 승리의 탁월한 전략으로 우리에게 주셨다. 이 전략보다 더 놀라운 전략은 없다. 이 전략보다 더 탁월한 전략은 세상에 존재하지 않는다. 누가 하나님의 지혜를 따를 수 있으며, 누가 그 분의 지략을 뛰어넘을 수 있겠는가?

이 말씀은 바른 믿음의 종합세트이다. 예수님 앞에 자기를 부인하고 주님의 프로그램에 온전히 의탁하고 그 분을 따르는 것보다 더 좋은 전략은 이 땅에 없다. 성경 속에서 보여준 승리의 인물들을 통해서 우리는 선명하게 볼 수 있었다.

로마를 복음 앞에 무릎 꿇게 만들고 세계선교의 초석을 놓은 바울의 전략을 살펴보자. 바울의 전략은 갈라디아서 2장 20절이다.

"내가 그리스도와 함께 십자가에 못 박혔나니 그런즉 이제는 내가 사는 것이 아니요 오직 내 안에 그리스도께서 사시는 것이라 이제 내가 육체 가운데 사는 것은 나를 사랑하사 나를 위하여 자기 자신을 버리신 하나님의 아들을 믿는 믿음 안에서 사는 것이라"

갈라디아서 2장 20절은 바른 믿음의 종합세트이다. 바울은 이 구절에 인생을 걸었다. 바로 이 말씀 안에 인생 승리가 들어 있다. 이 말씀을 더 간단하게 요약하면 이렇다.

"나는 죽고 예수님을 따라 사는 것이다."

이것이 바로 바울의 인생 승리의 전략이었다. 바른 믿음의 종합세트 안에 상상할 수 없는 진귀한 보물들이 들어 있다.

어떤 분의 간증 한 토막을 소개하려고 한다.

"사실 나는 10년 동안 신앙생활을 열심히 했다. 좋은 목회자 밑에서 제자훈련, 사역훈련, 큐티, 성경통독 모든 걸 섭렵했고 가르치기도 했다. 정말 살아있는 교회였지만, 나는 새로워지지 못했다. 제자훈련을 받으면서 앵무새처럼 '예수님은 나의 주님이십니다'라는 고백을 수없이 했다. 그러나 내 안에서는 '말은 이렇게 해도 나의 주인은 나야. 내 생각은 내가 조정해. 내 인생은 내가 이끈다니까!' 라는 강한 아집이 꺾이지 않았다. 이런 상태에서 말씀을 읽고 신앙생활을 했다. 그것은 결국 종교생활이었다. 복음의 능력은 내게 나타나지 않았다. 신앙생활을 할 때나 하지 않을 때나 별로 달라진 것이 없었다. '나는 왜 이럴까? 신앙생활 열심히 한다고 했는데…' 그러던 어느 날 답답한 마음으로 성경을 읽다가 갈라디아서 2장 20절을 읽게 되었다. '오! 나는 한 번도 주 예수 그리스도를 내 인생의 주인으로 인정한 적이 없었구나!' 그때서야 깨달았다. '아, 내가 신앙생활을 한 것이 아니라 종교인으로 종교놀이를 했구나!' 펑펑 울면서 나를 구원하기 위해 이 땅에 오셔서 십자가를 지신 예수님께 무릎을 꿇었다. 그 날 주님께 나의 전권을 이양했다. '예수님! 오늘부터 당신이 내 인생의 주인입니다. 오셔서 나를 다스려 주시옵소서.' 그 순간부터 임금님이 없던 나라에 살던 나에게 왕이 찾아오셨고, 고아와 같이 살던 나에게 아버지가 생겼다. 목자 없이 방황하던 나에게 목자가 생겼다. 그 때부터 모든 것이 변해가기 시작했다. 그동안 한 번도 누려보지 못한 평강과 기쁨이 나를 사로잡기 시작했다. 나는 죽고 예수님을 따라 사는 삶이 나를 더욱 행복한 자녀로 세워가고 있었다. 이것들이 더욱 강한 하나님의 나라로 나를 세워가고 있다."

성경은 전략의 보고라고 할 수 있다.
성경에서 우리는 세상을 이길 지략을 얻고,
인생의 모든 문제를 풀 수 있는
지혜와 승리의 전략을 얻을 수 있다.

Chapter 2

행복하지 않다면
나의 믿음이 다른 믿음은 아닌지 돌아보아야 한다.

chapter 2
행복

내가 그리스도와 함께 죽고
내 안에 사시는 분이 예수 그리스도라면
분명히 기쁨이 있어야 되지 않겠는가?

종교인인지 아니면 신앙인인지 구분하는 가늠자는 행복한가, 아니면 행복하지 않은가를 보면 안다. 그리고 내가 가진 믿음이 바른 믿음인지 아니면 다른 믿음인지 구분하는 가늠자도 행복한가, 아니면 행복하지 않은가를 보면 안다.

예수님 안에 정서

예수님 안에 있는 정서(情緒)가 무엇인 줄 아는가?

"내가 이것을 너희에게 이름은 내 기쁨이 너희 안에 있어 너희 기쁨을 충만하게 하려 함이라"(요 15:11)

"지금 내가 아버지께로 가오니 내가 세상에서 이 말을 하옵는 것은 그들로 내 기쁨을 그들 안에 충만히 가지게 하려 함이니이다"(요 17:13)

예수 안에 있는 정서가 무엇인가? 바로 기쁨이다. 예수님이 우리에게 주고 싶은 것이 무엇인가? "…기쁨을 충만하게 하려" 함이다.

그렇다면 예수님과 연합된 그리스도인들의 정서가 어떻게 바뀌겠는가? 기쁨이다! 기쁨의 정서가 없다면 그리스도와 연합된 자가 아닐 가능성이 높은 것이다. 내가 그리스도와 함께 죽고 내 안에 사시는 분이 예수 그리스도라면 분명히 기쁨이 있어야 되지 않겠는가?

바른 믿음이 무엇인가? 저주와 불행의 흑암을 떠나 예수님의 품 안에 들어가는 것이다. 한 걸음 더 나아가서 예수님 안에 거하는 삶이다. 다시 말해서 예수님의 정서 속에 거하는 삶이 바른 믿음이라면, 바른 믿음을 가진 자는 기쁨을 누리는 자이다. 그러므로 행복하지 않다면 나의 믿음이 '다른 믿음'은 아닌지 돌아보아야 한다.

성령님 안에 정서

"오직 성령의 열매는 사랑과 희락과 화평과 오래 참음과 자비와 양선과 충성과 온유와 절제니 이같은 것을 금지할 법이 없느니라"(갈 5:22-23)

성령님의 정서도 희락이다. 바른 믿음으로 예수 그리스도와 연합한 모든 그리스도인들에게 성경은 이렇게 말한다.

"너희는 너희가 하나님의 성전인 것과 하나님의 성령이 너희 안에 계시는 것을 알지 못하느냐"(고전 3:16)

거듭난 그리스도인들은 하나님의 성령이 거하시는 전이다. 그렇다면 바른 믿음이란 희락의 성령님을 모시고 사는 삶이다. 희락의 성령님을 모시고 사는 사람이라면 희락이 넘치게 되어 있다. 성령 안에 살았던 초대교회 제자들은 기쁨이 충만했다. 성령충만을 다른 말로 하면 기쁨충만이다.

"제자들은 기쁨과 성령이 충만하니라"(행 13:52)

만약 마음 속에 희락이 없다면 성령 안에 사는 사람이 아니다. 왜냐하면 다른 복음 즉 율법주의나 기복주의에 빠져 있거나, 혹은 다른 믿음으로 살고 있거나, 믿는 척하는 종교인이기 때문이다. 성령 안에 사는 사람은 성령의 정서 속에 사는 사람이다. 즉 희락

속에 사는 사람인 것이다.

바른 복음과 바른 믿음이 주는 은혜

바른 복음과 바른 믿음이 주는 은혜는 상상할 수 없이 많다. 그러나 중요한 몇 가지 은혜만 소개하면 다음과 같다.

첫째, 죄사함이다.

그 어떤 것으로도 씻을 수 없는 과거와 현재와 미래의 모든 죄를 사함받았다. 이것이 측량할 수 없는 예수 그리스도의 십자가 구속의 은혜이다. 그러므로 우리는 죄에서 해방되었다. 더 이상 죄의 노예도 아니다. 죄를 구속해 주신 은혜 때문에 죄의 나라에서 의의 나라로 옮겨진 존재들이다. 바른 복음 안에서 바른 믿음을 가진 자들은 이것 한 가지만으로도 행복할 수 있지 않겠는가?

둘째, 하나님의 자녀가 되는 권세이다.

자녀가 되는 권세란 '아버지의 모든 것을 누릴 수 있는 특권을 가진 자'라는 뜻이다. 대통령의 자녀들이 부러울 때가 있고, 재벌 총수의 자녀들이 부러울 때가 있다. 그러나 복음 안에서 믿음으로 하나님의 아들이 되었고 천지를 지으신 하나님이 아버지가 되었다. 이런 은혜 속에 사는 자들은 대통령의 자녀가 부럽지 않고, 재벌 총수의 자녀들도 부럽지 않다. 바른 복음 안에서 바른 믿음을 가진 자들은 하나님이 나의 아버지라는 사실 한 가지만으로도 충분히 행복할 수 있지 않겠는가?

셋째, 하나님의 나라이다.

대부분의 신자들은 "하나님의 나라"를 공간적 개념으로 생각하여 죽어서 가는 천국(The kingdom of Heaven)으로만 생각한다.

그러나 하나님의 나라(The kingdom of God)는 공간적인 개념보다 더 우선해서 소속과 신분 개념으로 이해해야 한다. 소속과 신분 개념의 하나님의 나라는 구원받은 순간부터 시작된다. 그리스도 안에 들어 온 순간부터 하나님의 나라가 시작된다는 것이다.

그러므로 하나님의 나라(The kingdom of God)는 바른 복음 안에서 바른 믿음으로 구원받은 순간부터 시작해서 구원받은 자들의 공동체인 교회, 그리고 죽은 그리스도인들이 들어가는 천국(The kingdom of Heaven), 재림 후에 들어갈 새 하늘과 새 땅까지를 일컬어 하나님의 나라(The kingdom of God)라고 한다. 이것이 바로 하나님 나라의 개념인 것이다.

복음 안에서 바른 믿음으로 얻은 하나님의 나라는 아브라함이 갈대아인의 우르를 떠나 가나안 땅에 들어가듯, 라합이 여리고를 떠나 이스라엘로 들어가듯, 룻이 모압을 떠나 이스라엘로 들어가듯, 죄를 떠나 의의 나라로 들어가는 순간부터 누릴수 있다. 사탄의 쇠사슬에서 떠나 성령 안으로 들어가는 순간, 흑암의 권세를 떠나 예수 안으로 들어가는 순간, 즉 구원받는 순간부터 하나님의 나라에 살게 되는 것이다. 이 사건에 대해 골로새서 1장 13절이 잘 설명해 주고 있다.

"그가 우리를 흑암의 권세에서 건져내사 그의 사랑의 아들의 나라로 옮기셨으니"

우리의 옛 주소는 그리스도 밖에 있었고(엡 2:12) 흑암의 권세 속에 살고 있었다. 그러나 이제는 복음과 바른 믿음으로 주소지가 완전히 바뀌었다.

옛 주소는 '주밖도 흑암시 불행동 1번지'였는데 현 주소는 '주안도 천국시 행복동 1번지'가 된 것이다. 그러므로 거듭난 그리스도인들은 예수님께서 몸 찢고 피 쏟아 준비하신 하나님의 나라 안에 사는 자들이요, 날마다 그 나라를 누리며 사는 자들이다. 성경은 이렇게 말한다.

"하나님의 나라는 먹는 것과 마시는 것이 아니요 오직 성령 안에 있는 의와 평강과 희락이라"(롬 14:17)

이 말씀의 의미는 오직 의와 평강과 희락을 누리는 자가 하나님의 나라를 얻게 된다는 의미가 아니다. 의와 평강과 희락이 하나님의 나라를 얻는 조건이 아니다. 바른 복음 안에서 바른 믿음을 가진 자들에게 임한 하나님의 나라가 성령 안에서 의와 평강과 희락을 누리는 삶으로 드러난다는 것이다. 이런 측면에서 본다면 바른 믿음으로 누리는 보물이 성령 안에서 누리는 의와 평강과 희락이다. 다시 말해 행복인 것이다. 만약 평강과 희락이 없는 신앙생활이라면 바른 믿음을 가진 자의 삶이라고 할 수 있겠는가?

넷째, 그리스도와 함께 유업을 이을 상속자이다.

바른 믿음으로 누리는 이 보물은 상상할 수 없는 영광이고 특권이다. 하나님은 구원받은 우리들을 아들로 확실히 대우하신다. 할렐루야!

로마서 8장 17절을 주의 깊게 읽어보라.

"자녀이면 또한 상속자 곧 하나님의 상속자요 그리스도와 함께 한 상속자니 우리가 그와 함께 영광을 받기 위하여 고난도 함께 받아야 할 것이니라"

많은 사람들이 돈이 없다고 기죽고, 잘생기지 않았다고 괴로워하고, 몸매가 에스(S)라인이 아니라 슬퍼하고, 가방끈이 짧다고 열등감에 짓눌려 산다.

그러나 조금만 더 깊이 생각해 보라. 세상에 태어난 모든 인간은 출발할 때도 "알몸", 제로(0)로 출발한다. 그리고 영혼이 육신을 떠나갈 때도 역시 "알몸", 제로(0)로 마감한다. 이 사실에 대해 성경은 이렇게 말한다.

"우리가 세상에 아무 것도 가지고 온 것이 없으매 또한 아무 것도 가지고 가지 못하리니"(딤전 6:7)

"이르되 내가 모태에서 알몸으로 나왔사온즉 또한 알몸이 그리로 돌아가올지라…"(욥 1:21상)

행복 209

돈이 없다고 기죽을 이유가 뭐가 있는가? 끝점에서는 재벌 총수도 "알몸", 가난한 자도 "알몸", 모두가 제로로 마무리 된다. 잘 생기지 않았다고 괴로워할 이유가 뭐가 있는가? 몸매가 에스라인이 아니라 슬퍼할 이유가 뭐가 있는가? 가방끈이 짧다고 열등감에 짓눌려 살 이유가 뭐가 있는가? 어차피 나이가 들면 들수록 평준화로 가는 것을… 잘 생긴 사람이나 못 생긴 사람이나 나이 들면 같아지는 것을… 에스라인도 어차피 나이가 들면 배가 나오는 것을… 가방끈 짧은 사람이나 긴 사람이나 모두 아파트 경비 서다가 그것마저 은퇴하게 되는 것을… 모두가 "알몸"이라는 제로점을 향해 간다. 예외가 없다. 이 사실을 생각하면 경건에 큰 유익이 있고, 사는 것이 행복할 수밖에 없다. 얼마나 소유했느냐로부터 자유할 수 있다.

욥은 재산, 자녀, 건강, 종들, 모든 것들을 다 잃고 난 후에 언젠가는 떠날 것이 조금 먼저 떠났을 뿐이라고 생각하고 감사했다. 역시 욥은 사탄에게 자랑할 만한 믿음의 사람이었다. 욥은 모든 것을 다 잃은 뒤 얻은 것이 더 많았다.

"내가 주께 대하여 *귀로 듣기만* 하였사오나 이제는 *눈으로 주를 뵈옵나이다*"(욥 42:5)

어떤 이들은 부와 명예 때문에 하나님을 잃는다. 어떤 이들은 부와 명예를 잃은 것 때문에 하나님을 얻는다. 어떤 이들은 건강한 것 때문에 하나님을 잃지만, 어떤 이들은 건강을 잃은 것 때문에 하나님을 얻는다. 누가 더 복을 받은 자들인가?

바른 복음 안에서 바른 믿음으로 하나님의 아들이 된 자들은 제로로 끝나지 않는다. 그리스도와 함께 얻을 유업의 상속이 있다. 바울은 이것만 생각하면 무척이나 행복했다. 그러기에 에베소 교인들을 위해 이렇게 기도한다.

"너희 마음의 눈을 밝히사 그의 부르심의 소망이 무엇이며 성도 안에서 그 기업의 영광의 풍성함이 무엇이며"(엡 1:18)

그리스도 안에 있는 자들이 받을 상속의 유업을 이 땅에 무엇과 비교할 수 있겠는가? 바울은 결혼도 하지 않았다. 그래서 자녀도 없었다. 가진 재산도 없었다. 그래도 그는 슬퍼하거나 괴로워하지 않았다. 빈민의식을 가지고 살지도 않았다. "가난한 자 같으나 모든 것을 가진 자"라고 큰소리치고 살았다. 왜냐하면 상속자이기 때문이다. 그리스도와 함께 상속받을 유업 한 가지만으로도 행복할 수 있지 않겠는가?

다섯째, 왕 같은 제사장이 되었다.

왕 같은 제사장이란 왕권과 제사장권을 동시에 가진 자를 가리킨다. 왕 같은 제사장은 성경에서 유일하게 두 분이 등장한다. 한 분은 창세기 14장에 등장하여 아브라함에게 축복했던 살렘왕이자, 제사장인 멜기세덱이요, 또 한 분은 예수 그리스도이시다. 성경은 멜기세덱을 가리켜 왕 같은 제사장으로 오실 예수 그리스도를 보여준 그림자라고 한다. 그렇다면 왕 같은 제사장은 바로 유일하게 예수 그리스도이시다. 그런데 예수님은 그리스도 안에 있는 모든 자들에게 왕 같은 제사장이라고 하신다(벧전 2:9).

왕 같은 제사장이라는 말은 예수님의 사역을 이어 받아 그리스도가 하신 일들을 하는 자라는 뜻이다. 즉 복음으로 영혼을 살리고 영혼을 복되게 세워가는 예수님의 사역을 하는 자들이라는 뜻이다. 이런 측면에서 보면 왕 같은 제사장이란 예수님의 동역자가 되었다는 뜻이다. 이 사실 한 가지만으로도 행복할 수 있지 않겠는가? 아브라함의 반열, 다윗의 반열, 베드로의 반열, 바울의 반열, 스데반의 반열에 세워준 은혜를 생각해 보라. '자리 중에 가장 아름다운 자리는 바로 일자리'라는 세상의 말이 있다. 타다 남은 재와 같고 마른 막대기와 같은 자들을 들어서 자신의 동역자로 삼아 주신 은혜, 이 한 가지만으로도 춤추지 않겠는가?

죄사함 받았다고 하면서, 구원 받았다고 하면서, 하나님의 아들이라고 하면서, 하나님의 나라에 산다고 하면서, 상속자라고 하면서, 그리스도의 동역자라고 하면서 행복하지 않다면 믿음을 다시 점검해 보아야 한다.

작자 미상의 동화를 소개한다. 제목은 『가나안을 거절당한 모세』이다. 사실 그 누구보다도 모세는 가나안에 들어갈 권리가 있는 자였다. 그런데 하나님은 모세의 불순종을 가볍게 처리하지 않으시고 가나안 입성을 단호히 거절하셨다. 모세는 터벅터벅 모압 평지를 지나 느보산 맞은 편 비스가산 꼭대기로 올라갔다. 늘 꿈꾸었던 가나안을 한참을 바라본 후에 힘없이 무릎 꿇는다. 고개를 푹 숙인 채 침묵이 흐른다. 하나님이 모세에게 다가오신다. 모세의 어깨 위에 가만히 손을 얹고 묻는다.

"슬프냐?"

"아닙니다."

"그러면 괴로우냐?"

"아닙니다."

"그러면 서러우냐?"

"아닙니다."

"그러면 분하냐?"

"아닙니다."

"가나안 땅으로 인도하겠다고 말한 내가 너에게 약속을 어겼다고 생각하느냐?"

고개를 숙인 채, 돌처럼 한동안 움직이지 않고 있는 그가 하나님께 대답한다.

"아닙니다."

"그러면 왜 그렇게 엎드려 있느냐?"

"너무 행복해서입니다."

이 말에 하나님이 놀라신다.

"아니, 행복하다니?"

"광야에서 하나님과 함께 했던 매 순간들이 제게는 가나안이었습니다."

이 동화를 읽으면서 내 인생의 뒤안길을 살펴보았다. 주님과 함께 걸어온 세월들이 나에게도 가나안이었다.

우울해질 때마다, 행복의식이 희미해질 때마다 스스로 이 원리들을 묵상한다.

나는 참으로 존귀한 자다! 왜?
성부 하나님이 나의 구원을 계획하셨고,
성자 예수님이 십자가에서 나를 구속하셨고,
성령님이 나를 찾아와 거듭나게 하사 하나님의 가족으로 삼아 주셨기 때문이다.
성부와 성자와 성령 삼위일체 하나님의 사역의 열매가 바로 나였기 때문이다.

나는 내가 좋다! 왜?
하나님의 풍성한 사랑 속에 내가 살기 때문이고,
예수님의 손 안에 내가 있기 때문이고,
성령님의 귀한 동역자로 쓰임ㅜ받고 있기 때문이다.

나는 부자다! 왜?
나의 몸값은 예수님 몸값이기 때문이고,
하나님이 나의 아버지이기 때문이고,
만왕의 왕 만주의 주가 나의 주님이기 때문이다.

나는 세상을 두려워할 이유가 없다!
나는 슬퍼할 이유도 없다!
나는 걱정할 이유도 없는 사람이다! 왜?
하나님이 지켜주시고,
예수님이 함께하시고,
성령님이 도와주시기 때문이고,

모든 사건을 통해 나를 성숙시켜 가기 때문이다.

니의 미래는 밝다! 왜?
나를 위해 놀라운 계획을 가지고 계시고,
나를 위해 큰 복을 예비하셨고,
나를 단련하신 만큼 나를 쓰실 것이기 때문이다.

나는 삶이 고달파도 행복하다! 왜?
고달픔을 통해 내 그릇을 키워가기 때문이고,
내 인격을 더욱 성숙시켜 가기 때문이고,
세상을 이길 저항력을 키우기 때문이고,
고달픈 자를 위한 치유자로 만들어 주기 때문이고,
고달픈 만큼 은혜를 부어주시기 때문이다.

사역이 힘들어도 나는 행복하다! 왜?
사역이 힘들수록 하나님이 가까이 계시기 때문이고,
상급이 크기 때문이고,
그 속에서 배울 것이 많기 때문이다.

나는 죽음도 두렵지 않고 좋다! 왜?
육신의 장막을 떠나는 순간 주님과 함께 가기 때문이고,
세상보다 더 좋은 낙원으로 이민가기 때문이고,
이제는 죄짓지 않고 주님을 섬길 수 있기 때문이고,
주님과 신앙의 선배들을 만날 수 있기 때문이다.

이 사실을 묵상할 때마다 자존감과 자아상이 회복되면서 행복의식으로 바뀌어지는 것을 경험한다.

바른 믿음으로 누리는 보물은 승리와 함께 찾아오는 행복이다.
땅에서만 누릴 수 있는 하나님의 나라가 있다. 그것은 영혼 구원을 위해 고난당하는 하나님 나라이다. 그것은 낙원에서 누릴 수 없고 새 하늘과 새 땅에서 누릴 수 없는, 이 땅에서만 누리는 하나님 나라이다. 하나님의 비전을 이 땅에 이루기 위해서 봉사하고 헌신하는 하나님 나라, 선교헌금을 드리고 구제헌금을 드리고 십일조헌금을 드리고 감사헌금을 드리고 건축헌금을 드리는 하나님 나라도 이 땅에서만 누릴 수 있는 하나님의 나라이다. 낙원에서도 누릴 수 없다. 새 하늘과 새 땅에서 누릴 수 없다. 오직 이 땅에서만 할 수 있고 누릴 수 있는 하나님 나라이다. 그래서 봉사하고 헌신하고 헌금하는 자체가 행복하다. 그래서 바울이 하는 말이다. "영광도 받기 위하여 고난도 받아야 하지 않겠느냐?"

세상에서 그리스도 때문에 받는 은혜보다는 그리스도에게 헌신하는 은혜가 더 귀하고 복되다. 이런 하나님의 나라는 오직 이 땅에서만 누릴 수 있는 하나님 나라이다. 낙원에서도 누릴 수 없고 새 하늘과 새 땅에서도 누릴 수 없다.

예수님에게 받는 은혜보다 사실 주님 때문에 고난당하고 헌신하는 삶이 더 복된 하나님 나라요 행복이다. 그래서 예수님과 함께 살며 그 분의 사명을 이루기 위해 힘들고 고생된다고 해서 울 이유가 없다. 사실 감사할 것 뿐이다. 이런 천국은 낙원에 가서는 누릴 수 없는 천국이기 때문이다.

이렇듯 예수님과 함께 사는 하나님의 나라는 버릴 것이 아무것도 없다. "예수님과 함께 사는데 내게 왜 이런 시험이 올까?" 이런 생각을 했던 경험들이 있을 것이다. 이것은 저주가 아니다. 이것도 버릴 것이 아니라 보석과 같은 은혜이다. 왜냐하면 큰 시련을 통해 귀로 들었던 예수님을 눈으로 볼 수 있게 되고 예수님과 내가 더 깊은 관계로 맺어지기 때문이다.

복음 안에서 예수님과 함께 사는 가운데 허락된 가시도 고통스럽고 괴롭지만, 그래서 가시를 뽑아버리고 싶어서 기도도 하지만 기도를 들으시는 하나님은 가시를 뽑아주지 않으시고 가시를 보는 관점을 바꾸어 주신다.

가시는 나를 힘들게 하려고 준 것이 아니라, 나를 자고하지 않도록 붙들어 주는 안전 장치였음을 알게 될 때 가시가 은혜의 보고요 큰 자랑거리였음을 고백하게 된다. 가시 때문에 온전하게 성숙되어가는 모습을 발견하게 될 때 원망이 변하여 감사가 되는 것을 느낀다. 이것이 바울의 고백만이 아니라 나의 고백이기도 하다. 예수님과 함께 사는 삶은 그 자체가 하나님의 나라이다. 그런데 행복하지 않다면 믿음을 점검해 보아야 하지 않겠는가? 진짜 예수 잘 믿는 사람은 진짜 행복한 사람이다.

Chapter 3

내 안에 계신 그 분이 나를 통해 놀라운 일을 행하신다.
이것이 믿음의 능력이다. 영향력이다.

chapter 3
영향력

내가 진실로 진실로 너희에게 이르노니
나를 믿는 자는 내가 하는 일을 그도 할 것이요
또한 그보다 큰 일도 하리니
이는 내가 아버지께로 감이라
요 14:12

나는 요한복음 14장 12절 말씀을 읽을 때마다 흥분이 가라앉지 않는다. 왜냐하면 이 말씀이 언제나 나의 현실이 되었기 때문이다.

"내가 진실로 진실로 너희에게 이르노니 **나를 믿는 자는** 내가 하는 일을 **그도 할 것**이요 또한 **그보다 큰 일도 하리니** 이는 내가 아버시께로 감이라"

여기서 말하는 "나를 믿는 자"는 믿음의 종합세트가 이루어진 상태를 말한다. 바로 갈라디아서 2장 20절의 상태를 말한다. 십자가 복음으로 온전히 연합되어 나는 죽고 예수님이 사는 상태로 예수를 믿는 믿음 안에서 사는 것이다.

나는 요한복음 14장 12절과 갈라디아서 2장 20절을 읽을 때마다 작자미상의 소금인형 이야기가 생각난다. 갈라디아서 2장 20절이 이루어진 상태를 보여주는 너무나 적절한 동화다.

바다에서 태어난 소금 인형들이 하루는 가을 단풍구경을 가게 되었다. 처음 보는 산에 취할 수밖에 없었다. 산에서 뛰노는 다람쥐들, 하늘을 나는 잠자리, 예쁘게 영글어가는 사과, 청명한 가을 하늘하며 모든 것이 신기하게만 느껴졌다. 한 소금인형이 너무 아름답고 진귀한 꽃을 보며 "얘들아! 이 꽃 좀 봐! 너무 예쁘지 않니?" 하고 주변을 둘러보니 함께 산구경을 왔던 다른 인형들이 보이지 않았다. 그 인형이 산에 취해 있는 동안 친구들은 바다로 다 돌아간 것이다. 갑자기 소금인형은 두려움이 밀려들기 시작했다. 산 가시에 여기저기 찔리면서 바다로 돌아가려고 몸부림치기 시작했다. 해가 지고 밤이 왔다. 갑자기 추워지는데 견딜 수가 없었다. 바다를 찾아 헤매는 동안 거의 한 달이 지났다. 목이 마르고 몸이 굳어지는 것을 느꼈다. "어머나! 나 여기서 죽으려나 봐, 바다야, 바다야… 흐흐흑" 울면서 헤매다가 드디어 바다를 발견했다.

"와, 바다다!"

너무 반가워 왼발을 내딛은 순간 왼발목이 잘려 나가고 말았다.

"어머머, 너무 늦게 왔다고 바다가 화났나 봐"

목발을 만들어 절뚝거리며 다시 산으로 향하기 시작했다.

"인형아, 바다로 들어와! 인형아, 네가 안겨야 할 곳은 산이 아니야. 바다야. 네가 살 곳은 이곳이야! 인형아, 나를 믿고 너의 몸을 바다 품에 맡기라니까!"

"아니에요. 하나 남은 오른발을 바다에 내딛는 순간 오른발목도 금방 녹아내리고 오른발목이 녹아내리는 순간 나의 몸통도 바다에 빠져 버릴 것 같아요."

"인형아! 이리와! 네가 살 곳은 세상이 아니란다. 네가 살 곳은 바다야. 나를 믿고 내 안으로 들어오라니까! 인형아! 인형아!"

인형은 산으로 향하던 발걸음을 멈추고 생각했다. 바다로 갈까 다시 산으로 갈까 한참을 생각하다가 다시 그 발걸음을 산으로 향해 절뚝거리며 가고 있었다.

바다에서 소리가 더 크게 들리기 시작한다.

"인형아! 인형아! 아빠가 너를 기다린단다. 네가 산 구경 갈 때부터 아빠는 너를 기다리다가 병이 들었단다. 인형아, 다시 바다로 돌아와. 인형아! 인형아!"

아빠가 나를 기다리다가 병이 들었다니… 인형은 가던 발걸음을 다시 멈추고 돌아서기 시작했다.

"아빠가 나를 기다리다 병이 들었다니… 흐-흐-흑"

흐느끼며 절뚝거리는 몸으로 바다를 향해 오고 있었다.

"인형아, 잘 왔어. 우리 모두가 네가 오기를 기도하고 있었단다. 집사님들은 철야기도하시고 장로님은 금식하셨단다. 너의 친구들은 밤낮으로 너를 기다리다가 잠이 들었단다. 어서 네 몸을 바다에 맡기렴."

"바다에 오른발을 내딛으면 몸통이 사라질 것만 같아요."

"인형아, 죽으면 산단다. 네 목숨을 잃고자 하면 얻는단다."

"네, 그렇게 할께요…"

소금인형이 바다에 오른발을 내딛는 순간 발목이 잘려나갔다. 발목이 잘려나가는 순간 소금인형의 몸통이 그대로 바다에 내려앉게 되었다. 순식간에 소금인형의 형태가 사라지고 말았다.

그런데 이게 어찌 된 일인가? 형태가 사라진 소금인형의 얼굴이 그 넓은 바다에 선명하게 떠오르는 것이 아닌가? 찬란하게 빛나는 소금인형을 향해 동네 사람들이 묻는다.

"인형아, 너는 소금인형이니? 바다니?"

가장 예쁘고 우렁찬 소금인형의 음성이 바다에서 들린다.

"응, 난 이제 연약한 소금인형이 아니란다. 난 오대양 육대주를 연결하는 바다란다. 바다 안에서 소금인형은 죽고 이제 넓고 넓은 바다로 태어났단다. 바다가 되어 목포 사람들에게는 세발낙지도 공급해 주고, 영덕 사람들에게는 대게를 공급해 주고, 연평도 사람들에게는 꽃게도 공급해 주고, 성지순례가고 싶은 사람들에게 크루즈선이 다닐 수 있도록 길이 되어 주기도 하고, 세상 사람들의 일산화탄소 75%를 정화시켜 주고, 생명체들에게 필요한 산소도 50%나 공급해 준단다. 승용차와 배 그리고 비행기가 날 수 있도록 기름도 공급해 주는 바다가 되었단다."

소금인형 이야기는 바로 예수 안에 거하는 나의 이야기이다. 나는 연약하기 짝이 없는 소금인형이었다. 그런데 그 분에게 내 인생을 맡기는 순간부터 그 분은 나를 품어 주셨다. 지금까지 나는 그 분 안에 살고 있다. 내 안에 계신 예수님이 나를 통해 행하신 일들을 어찌 말로 다할 수 있을까? 이것은 나만의 이야기가 아니다. 복음 안에 바른 믿음을 가진 모든 사람들의 이야기이다.

요한복음 15장에 나온 포도나무와 가지의 비유처럼 가지는 아무 힘이 없다. 포도나무와 하나된 순간부터 포도나무되신 예수님께서 가지를 100% 책임지시고 병든 가지는 치료하시고 때가 되면 잎을 낼 수 있는 에너지를 공급해 주시고, 때가 되면 꽃을 피울 에너지를 공급해 주신다. 열매 맺을 때가 되면 열매를 맺을 수 있는 에너지를 공급해 주신다. 무더운 여름이 되면 타 버릴 것 같은 뜨거운 태양열 아래서 거뜬히 견딜 수 있도록 에어컨을 틀어 주시고, 열매맺는 가을에는 존재의 의미와 보람을 만끽하게 하신다. 추운 겨울에는 얼지 않도록 난로를 피워 주신다. 그리고 이듬해에 더 풍성한 열매를 맺을 수 있도록 가지를 더 튼튼히 키워 가신다. 농부되신 하나님이 농사하시고 포도나무되신 예수님이 때를 따라 에너지를 공급해 주신다. 그저 가지는 포도나무되신 예수님 안에 있기만 하면 된다. 가지가 할 일은 아무것도 없다. 농부되신 하나님과 포도나무되신 예수님은 언제나 가지를 통해 위대한 일들을 하고 계신다.

가지가 포도나무 안에 있으면 하늘의 모든 에너지도 가지의 것이 된다. 땅의 모든 에너지도 가지의 것이 된다. 이러기에 바울은 빌립보서 4장 13절에서 이렇게 외친다.

"내게 능력 주시는 자 안에서 내가 모든 것을 할 수 있느니라"

바울의 외침이 바로 나의 외침이다. 그러므로 예수 안에 있는 자들은 염려할 것도 없고 걱정할 것도 없다. 가지가 할 일은 농부 되신 하나님과 포도나무되신 예수님에게 자신을 의탁하고 신뢰하고 따르면 된다. 여름에 장마가 지더라도 그 분 안에서 때를 기다리면 된다. 추운 겨울이라도 그 분 안에서 때를 기다리면 봄이 온다. 열매가 떨어져 쓸쓸할 때도 있지만 더 많은 열매를 맺기 위한 과정에 불과한 것이다. 그러므로 예수님 안에 있는 자들은 감사할 것 밖에 없다. 내 안에 계신 그 분이 나를 통해 놀라운 일을 행하신다. 이것이 믿음의 능력이다. 영향력이다.

가지가 포도나무 안에 있으면
하늘의 모든 에너지도 가지의 것이 된다.
땅의 모든 에너지도 가지의 것이 된다.

Chapter 4

바른 믿음으로 살면 내 안에 주인되신 예수님이 놀라운 능력을 행하신다.
포도나무되신 예수님이 가지를 통해 놀라운 능력을 행하신다.

chapter 4
능력

그들은 믿음으로 나라들을 이기기도 하며
의를 행하기도 하며
약속을 받기도 하며
사자들의 입을 막기도 하며
불의 세력을 멸하기도 하며
칼날을 피하기도 하며
연약한 가운데서 강하게 되기도 하며
전쟁에 용감하게 되어
이방 사람들의 진을 물리치기도 하며
(히 11:33-34)

히브리서 11장 전반부에서는 모델이 될 수 있는 믿음의 사람들을 보여주고 있다. 그리고 후반부에서는 믿음의 능력이 어떻게 드러나고 있는가를 보여주고 있다. 바른 믿음을 가진 자들을 통해 하나님은 위대한 능력을 드러내고 계신다.

부정적 상황에서 긍정적 역시를 일으키는 능력

히브리서 11장 33절에서 35절까지는 바른 믿음을 소유하고 있는 자들을 통해 부정적인 상황에서 긍정적인 역사를 일으키는 능력들을 소개하고 있다. 주의 깊게 살펴보라.

"그들은 믿음으로 나라들을 이기기도 하며
의를 행하기도 하며
약속을 받기도 하며
사자들의 입을 막기도 하며
불의 세력을 멸하기도 하며
칼날을 피하기도 하며
연약한 가운데서 강하게 되기도 하며
전쟁에 용감하게 되어
이방 사람들의 진을 물리치기도 하며
여자들은 자기의 죽은 자들을 부활로 받아들이기도 하며
또 어떤 이들은 더 좋은 부활을 얻고자 하여
심한 고문을 받되 구차히 풀려나기를 원하지 아니하였으며"

어떤 사람을 소개하려고 한다. 이 사람이 히브리서 11장 33절에서 35절을 읽었다. 이 부분을 읽으면서 이 사람은 "할렐루야! 할렐루야!" 환호를 질렀다. 그 후 몇 년이 지났다. 창세기부터 또 일독을 하기 시작했다. 히브리서 11장 이 부분을 또 읽게 되었다. 이런 일들이 자신에게는 나타나지 않음을 느꼈다. "아하! 내가 믿음이 부족해서 그런가 보다"라고 생각하며 집중적으로 기도하기를 시작한다. "주여, 믿습니다. 주여, 믿습니다. 주여, 믿습니다." 그래도 믿음이 충만해지지 않으니 두 손을 들고 "주여, 믿습니다. 주여, 믿습니다." 그래도 믿음이 충만해지지 않으니 이제는 두 손을 흔들면서 "믿습니다. 믿습니다. 믿습니다." 10번, 20번, 100번, 500번을 해도 믿음이 충만해지지 않으니 믿음을 달라고 작정기도를 했다. 가슴이 갑자기 뜨거워졌다. 무슨 일이라도 금방 일어날 것 같았다. 행복했다. 그런데 시간이 흐르면서 그 기분은 가라앉고 말았다. 믿음의 역사는 아무 일도 일어나지 않았다. 그는 다시 믿음을 달라고 금식기도를 했다. "주여, 믿습니다."만 1000번 이상을 외쳤다. 이전보다 더 충만해지는 것을 느꼈다. 그의 마음은 이전보다 더욱 확신이 넘치기 시작했다. 마음이 흥분되었다. '이제는 역사가 나타나겠지….' 그러나 시간이 지나면서 감정적인 흥분과 확신은 다시 가라앉기 시작했다. 히브리서에 기록된 믿음의 역사는 일어나지 않았다. 이 사람은 이 말씀 때문에 오히려 더 깊은 좌절을 경험하고 말았다.

위의 사람이 생각하는 믿음은 어떤 믿음일까?
지적으로 아는 믿음일까?
정적으로 느끼는 믿음일까?
따르는(마 16:24, 갈 2:20) 믿음일까?
이 사람이 생각하는 믿음은 정적인 믿음이다. 마음의 확신이고 뜨거움이다. 가슴이 뜨거워져서 금방 무슨 일이라도 일어날 것 같은 흥분에 찬 확신을 믿음으로 이해하고 있었던 것이다.

이 사람이 생각하는 믿음의 개념이 복음서에서 예수님이 말씀하신 믿음과 같은가? 아니다. 달라도 너무 다르다.

이 사람이 생각하는 믿음은 바울서신에서 말하는 믿음과 같은가? 아니다. 달라도 너무 다르다.

이 사람이 생각하는 믿음은 야고보서가 말하는 믿음과 같은가? 아니다. 달라도 너무 다르다.

이 사람이 생각하는 믿음은 히브리서가 가르쳐 주고 보여주는 믿음과 같은가? 아니다. 달라도 너무 다르다.

의지적인 결단과 액션이 없는 아는 믿음과 느끼는 믿음은 그 자체가 죽은 것이라고 하지 않았던가? 혹시 당신이 생각하고 있는 믿음이 이 사람과 같지는 않은지 점검해 보라.

지적으로 아는 믿음과 정적으로 느끼는 믿음만을 가지고는 히브리서 11장 33절 이하의 믿음의 능력은 절대로 나타나지 않는다. 히브리서 11장이 말하는 믿음은 떠남, 주인 바꿈, 전적의탁, 따름, 드림, 예수 안에 거함 등 믿음의 종합세트를 말한 것이다.

믿음의 능력을 드러낸 여러 가지들을 살펴보라.

"그들은 믿음으로 나라들을 이기기도 하며 의를 행하기도 하며 약속을 받기도 하며 사자들의 입을 막기도 하며 불의 세력을 멸하기도 하며 칼날을 피하기도 하며 연약한 가운데서 강하게 되기도 하며 전쟁에 용감하게 되어 이방 사람들의 진을 물리치기도 하며"(히 11:33-34)

위의 말씀을 읽으면서 어떤 생각이 머리에 떠오르는가? 이 말씀을 묵상하면서 깊이 생각해 보라.

그들이 나라를 이겼을까? 아니면 그들과 함께 하신 하나님이 그들을 통해 이겼을까?

사자들의 입을 다니엘이 막았는가? 아니면 하나님이 막았는가?

잘 생각해 보라. 전 단원에서 살펴보았듯이 열매를 맺는 곳은 가지다. 하지만 가지가 열매를 맺는가? 나무가 열매를 맺는가?

예수님과 함께 살고 예수님을 따라 사는 것이 성경이 말하는 믿음이다. 이와 같은 바른 믿음으로 살면 내 안에 주인되신 예수님이 놀라운 능력을 행하신다. 포도나무되신 예수님이 가지를 통해 놀라운 능력을 행하신다. 어제나 오늘이나 영원토록 동일하신 예수님께서 바른 믿음을 가지고 사는 자들을 통하여 놀라운 능력을 오늘도 행하고 계신다.

극한 상황에서 하나님의 나라를 누리는 능력

36절에서 38절까지의 믿음의 영향력은 더 놀랍다. 뜻을 깊이 생각하고 음미하면서 읽어보라.

> "또 어떤 이들은 조롱과 채찍질뿐 아니라 결박과 옥에 갇히는 시련도 받았으며 돌로 치는 것과 톱으로 켜는 것과 시험과 칼로 죽임을 당하고 양과 염소의 가죽을 입고 유리하여 궁핍과 환난과 학대를 받았으니 (이런 사람은 세상이 감당하지 못하느니라) 그들이 광야와 산과 동굴과 토굴에 유리하였느니라"

이들의 믿음을 시적으로 표현하면 이렇다.

"여호와는 나의 목자시니 내가 부족함이 없습니다. 내 잔이 넘칩니다."

"예수님 한 분이면 충분합니다."

"복음을 전하다가 돌에 맞아 죽어도 저는 행복합니다."

이것이 예수님과 함께 사는 그리스도인들이 누리는 행복이다. 시련의 강도가 1,000도라면 이들 안에 계신 예수님은 2,000도의 은혜를 부어주심으로 능히 이기게 하신다.

스데반의 경우를 보면 확연히 알 수 있다.

"스데반의 얼굴을 보니 천사의 얼굴 같았더라."

시련의 강도보다 스데반 안에 계신 예수님이 공급한 시련을 이길 은혜의 강도가 더 충만했다는 사실을 보여주는 것이다.

바울의 경우를 보아도 그렇다.

"환란과 결박이 나를 기다린다고 해도 나는 그 길을 갈 것입니다. 옥에 갇혀도 짐승의 밥이 되어도 나는 그 길을 갈 것입니다. 그리고 예수님 안에 있는 나는 두려울 것이 없습니다. 무서울 것도 없습니다. 지금 내 안에는 평강과 기쁨이 넘치고 있습니다. 나는 로마가 복음으로 하나님의 왕국이 될 것을 확신하고 있습니다. 나는 예수님의 비전을 이루기 위해 갈 것입니다. 할렐루야!"

이것이 무엇을 말해주고 있는 것인가? 바울이 지금 자신의 의지를 자랑하는 것인가? 아니면 '나는 이렇게 헌신했노라'고 바울 자신을 드러내는 말인가? 아니다. 바울이 하고 싶은 말은 시련의 강도보다 바울 안에 계신 예수님이 공급하신 은혜가 더 강했다는 것이다. 시련을 거뜬히 이기고도 남을 에너지를 예수님이 공급해 주고 계신다는 사실을 보여주는 것이다. 바울이 드러내고 싶은 것은 자신 안에 계신 예수님뿐이었다.

왜냐하면 스데반이나 바울이나 우리와 동일한 연약한 존재들이다. 중요한 것은 그들을 성전삼고 계신 예수님이 극한 상황에서 천국을 누릴 수 있는 에너지를 공급해 주고 계시는 것이다. 이것이 바로 포도나무와 가지 비유의 핵심이다.

이것이 바로 예수님과 함께 살고 예수님을 따라 사는 자들이 누리는 믿음의 능력이고 하나님의 나라이다. 그래서 예수님과 함께 예수님을 따라 사는 사람들을 가리켜 세상이 감당할 수 없는 자들이라고 말한다.

예수님과 함께 살고 예수님을 따라 사는 사람들은 초대교회 때뿐 아니라 세계교회사를 볼 때 언제나 그랬다.

나의 경우를 보아도 그렇다. 지금은 교회도 많이 성장했다. 그리고 오라는 곳도 많다. 한 주간에 나의 설교를 듣는 수가 교회 예배를 위시해서 교회홈페이지, 인터넷, 유투브, 블로그, 스마트폰, TV 등을 통해 수만 명에 이른다. 그런데 지금 내가 누리는 행복지수보다 교회를 개척해서 힘들고 어려운 시련을 겪으면서 전우의 시체를 넘고 넘을 때, 한 주간에 내 설교를 듣는 자들이 불과 몇 십 명 정도 밖에 되지 않았을 때, 누구도 알아주지 않을 때, 내가 내 모습을 보아도 초라해 보일 때, 나의 미래가 불투명해 보일 때, 바로 그런 시절이 행복했었다. 지금도 행복하지 않다는 것이 아니다. 지금도 너무 행복하다. 그러나 그 시절이 너 행복했었다. 그 시절에는 찬양만 해도 두 눈에서 눈물이 주르르 흘렀다. 새벽기도 시간에 나아가 눈만 감아도 감사의 눈물이 주르르 흘렀다. 왜 그랬을까?

그것은 나를 짓누르는 무거운 짐들과 시련의 강도보다 거뜬히 감당할 수 있도록 부어주시는 예수님의 은혜가 더 풍성했기 때문이다. 감당할 수 있는 에너지의 강도가 더 풍성했기 때문이다.

예수님과 함께 살고 예수님을 따라 살고 그 예수님에게 자신을 드리는 삶이 바른 믿음이다. 이와 같은 믿음으로 살면 극한 상황에서도 하나님의 나라를 누릴 수 있는 능력이 부어진다. 이것이 바른 믿음의 능력인 것이다.

죄를 이기고 의를 행하는 능력

바른 믿음은 죄를 이긴다. 힘든 상황에서도 죄를 이길 뿐 아니라 의를 행할 수 있다. 예수님과 함께 살고, 예수님을 따라 살고, 주인되신 예수님에게 자신을 드리는 삶이 바른 믿음이다. 바른 믿음은 죄를 이긴다. 히브리서 11장 33절을 보라.

> "그들은 믿음으로 나라들을 이기기도 하며 의를 행하기도 하며 약속을 받기도 하며 사자들의 입을 막기도 하며"

이 성경을 그대로 표현하면 나라를 이길 힘도 믿음에서 나왔다. 사자들의 입을 막는 힘도 믿음에서 나왔다. 그렇다면 죄를 이기고 의를 행하는 힘도 믿음에서 나온다는 것을 말하고 있는 것이다.

그러면 믿음에서 나왔다는 것은 무엇을 의미하는가? 나라를 이기게 하시고 사자들의 입을 막아주시는 분이 하나님이시라는 것이 아닌가? 죄를 이기고 의를 행하게 하시는 분이 주인되신 예수님이시라는 것이 아니겠는가? 그렇다면 죄의 유혹이 올 때마다 누구를 바라보아야 할까? 자신 안에 계신 예수님을 바라보면 된다. 요셉도 우리와 똑같은 성정을 가진 사람이다. 유혹을 받을 때 누구를 바라보았는가? 바로 하나님이다. 자기 안에 계신 예수님을 바라볼수록 죄를 이기고 의를 행하는 힘을 얻게 된다. 가지가 필요한 에너지를 나무가 공급하듯이 가지가 죄의 유혹을 받을 때 나무는 죄를 이길 힘을 공급해서 가지로 하여금 죄를 이기고 의를 행하게 하는 것이다.

문제는 가지와 나무와의 건강한 관계이다. 관계가 건강할수록 죄를 이기고 의를 행하게 된다. 하지만 죄의 유혹을 받을 때 주인되신 예수님을 바라보지 않거나, 스스로 죄를 거부할 의지를 가지지 않을 때는 의를 행하기보다 죄를 짓게 된다.

그러므로 죄를 이기기 위해 우리가 해야 할 일이 몇 가지 있다.

첫째, 예수님과 함께 살고 예수님을 따라 사는 믿음 지수를 키워가는 것이다. 예수님과의 관계가 틈이 나면 그 틈 사이로 죄가 파고들기 때문이다.

둘째, 죄를 이기려면 적극적으로 선을 행하는 것이다. 악한 감정에 사로잡혀 있는 가인에게 하나님이 찾아와 이렇게 말씀하신다. "…선을 행하지 아니하면 죄가 문에 엎드려 있느니라…"(창 4:7중) 지금도 이와 동일하다. 전술학에 보면 최대의 방어는 최대의 공격이라는 원리가 있다. 이것이 스포츠에서도 나타난다. 수비만 하다보면 골을 먹게 된다. 공격이 상대의 공격을 막게 되듯이 신앙생활도 그렇다. 신앙생활을 다른 말로 하면 영적인 전투다. 사탄은 우리에게 허락한 하나님의 나라와 상상할 수 없는 풍성한 모든 것을 도둑질해 가기 위해 끊임없이 죄를 짓도록 유혹한다. 이런 사탄의 전략으로부터 승리하기 위한 최대의 방어는 공격인 것이다. 적극적으로 하나님의 비전을 이루기 위해 사명에 사로잡혀 뛰어가는 공격적인 신앙생활 말이다. 대부분의 그리스도인들은 다윗처럼 안일할 때 넘어진다. 열심히 봉사하고, 전도하고, 소그룹을 돌보고, 주일학교를 돌보고, 적극적으로 사역에 동참하는 삶이 죄를 이기는 최선의 삶이다. 우리 주변의 그리스도인들을 보면 이것이 확연히 드러난다. 열심히 새벽기도하고 마치 전도사같이 영혼 살리고 영혼 복되게 하기 위해 정신없이 뛰며 헌신하는 평신도 지도자들이 죄를 짓는 지수가 낮음을 볼 수 있다. 그러나 영혼 살리고 영혼 복되게 하는 일을 멀리하고 교회보다는 세상 쪽에 가까운 이들을 보라. 성경을 보기보다 TV를 보는 시간이 더 많은 이들을 보라. 거의 죄에 사로잡혀 죄에 눌려 있는 경우가 많다. 죄에 눌려 있는 자들의 특징을 보면 죄를 짓는 지수가 높고 의를 행하는 지수가 낮다. 이렇다 보니 평강과 희락의 지수가 낮게 드러나는 것을 본다. "선을 행하지 아니하면 죄가 문에 엎드려 있느니라"는 말씀을 마음에 새겼으면 좋겠다. 죄를 이기려면 사명에 사로잡혀 적극적으로 사역하자. 각 나라와 각 족속들을 하나님을 행복하게 하는 행복자들로 세우기 위해서….

셋째, 죄의 유혹이 올 때마다 자기 안에 계신 예수님을 바라보는 것이다. 죄가 유혹할 때 죄만 바라보면 죄에게 자꾸 끌려가게 된다. 그러나 자기 안에 계신 예수님을 바라보게 되면 죄를 이길 힘을 얻게 된다.

히브리서 11장의 결론 부분이 12장 1절과 2절이다. 결론적으로 성경은 믿음의 경주자들에게 이렇게 말씀하신다. "…모든 무거운 것과 얽매이기 쉬운 죄를 벗어 버리고 인내로써 우리 앞에 당한 경주를 하며 믿음의 주요 또 온전하게 하시는 이인 예수를 바라보자…" 죄를 이기고 승리하기 위해 온전하게 하시는 예수님을 바라보라고 하신다. 그리스도인 안에 계신 예수님을 바라볼 때마다 그 분은 온전케 하시는 에너지를 공급해 주신다. 죄를 이길 힘을 공급해 주신다.

넷째, 죄가 유혹할 때 그 죄를 거부하는 것이다. 가인이 자신의 예배는 거부당하고 동생 아벨의 예배만 열납되었을 때 그는 화가 났다. 동생을 죽이고 싶은 감정에 사로잡혀 있을 때 하나님께서 가인을 찾아가셔서 "죄가 너를 원하나 너는 죄를 다스릴지니라"(창 4:7)고 하신다. 죄를 꾸짖으라고 하신 것이다. 죄를 거부하라고 하신 것이다. 죄에게 먹히지 말고 죄를 추방시키라고 하신 것이다. 이 말씀은 모든 사람들이 죄를 다스릴 수도 있고 죄에게 먹힐 수도 있다는 것이다.

하나님께서 가인을 다루시는 모습을 보면 매우 인격적으로 대하신다. 가인이 죄를 짓는 순간 손목을 자르거나 갑자기 중풍이 와서 손과 발도 움직이지 못하도록 하지 않으셨다.

죄를 거부하거나 죄를 받아들이는 것은 가인에게 부여된 자유의지에 따라 가인이 결정할 문제였다. 하나님은 이것을 침해하지 않으셨다. 이것은 물론 아담과 하와에게도 동일하셨고 오늘을 사는 우리에게도 동일하시다.

하나님은 아담과 하와에게도 죄를 범한 결과에 대해 분명히 말쏨해 주셨듯이 그리스도 안에 있는 자들에게도 분명히 말씀하신다. 죄를 범할 때 죄가 주는 아픔은 죄를 짓고 누리는 짜릿함보다 더 고통스럽다고 가르쳐 주셨다. 오직 성령 안에서 의를 누리지 못하면 평강과 희락을 누릴 수 없다고 말씀해 주셨다(롬 14:17). 우리에게 죄에게 먹히지 말고 죄를 거부하라고 하신다.

나의 경우를 보면 부정적인 정서에 사로잡힐 때 내 안에 계신 예수님을 바라볼 겨를도 없이 죄에 넘어지는 경우가 많았다. 그것 때문에 예수님의 마음을 아프게 했고 이웃의 마음을 찢어놓을 때가 많았고 내 마음은 더욱 아팠다. 그러나 이제는 화가 나던지 분이 나던지 내 안에 계신 예수님을 바라보려고 노력한다. 놀라운 사실은 주님을 바라볼 때마다 주님은 나에게 죄를 이길 수 있는 에너지를 공급해 주셨다. 죄의 유혹이 강하게 올 때 나는 유혹을 이렇게 거부한다. "내 안에 주님이 계셔. 내 안에 계신 주님을 나는 슬프게 할 수 없잖아. 죄야! 나는 그 죄를 받아들일 수 없어!"라고 거부하면 죄가 끌어당기는 힘이 꺾이는 것을 자주 경험했다.

한걸음 더 나아가 죄의 유혹이 아주 강하게 몰려올 때는 이렇게 거부한다. "나는 이미 내 안에 계신 예수님에게 드린 제물이야! 드려진 제물을 예수님의 손에서 다시 가져와서 너에게 줄 수 있겠니? 난 죄지을 수 없는 드려진 제물이야! 죄야! 물러가라!"고 한다. 그러면 참으로 신비한 일이 벌어진다. 강력하게 당기는 죄의 세력이 꺾이는 것을 경험한다. 죄를 거부하고 죄를 이기는 기쁨도 참 짜릿함을 느낀다. '아마 다니엘도 이런 경험을 했겠구나! 아마 요셉도 이런 기분이었겠구나!'라고 생각한다. 죄를 거부할수록 죄의 세력은 꺾인다. 이런 은혜와 능력이 나무가 가지에게 에너지를 공급하듯이 내 안에 계신 예수님으로부터 오는 것을 느낀다.

이렇듯 그리스도인들 안에 계신 예수님은 바른 믿음의 사람들에게 부정적인 상황에서 긍정적인 역사를 일으킬 수 있는 능력을 공급해 주신다. 극한 상황에서 하나님의 나라를 거뜬히 누릴 수 있도록 능력을 공급해 주신다. 한 걸음 더 나아가 죄를 이기고 의를 행할 수 있는 능력을 공급해 주신다.

Chapter 5

그래서 구원은 하나님처럼 되는 것이다.
예수님처럼 되는 것이다. 그리스도의 형상을 닮아 가는 것이다.

chapter 5
아름다운 인격

오직 사랑 안에서 참된 것을 하여
범사에 그에게까지 자랄지라 그는 머리니 곧 그리스도라
(엡 4:15)

옥한흠 목사님께서 산상수훈 설교 중에 이런 말씀을 하신 것이 생각난다.

"여러분, 구원이 뭔줄 아세요? 저는 구원은 죄사함이나 천국 가는 것으로만 알았어요. 그런데 구원은 그것만이 아니었어요. 구원은 하나님처럼 되는 것이었어요. 예수님처럼 되는 것이었어요. 그리스도의 장성한 분량에 이르는 것이 구원이라는 사실을 깨달았어요."

옥한흠 목사님은 낙원으로 이민을 가셨지만 그 분이 전해 주셨던 폭넓은 구원에 대한 말씀은 내 머리 속에 깊이 남아있다. 묵상할수록 깊이가 있는 내용이었다.

　하나님은 사람을 지으실 때 당신의 형상대로 지으셨다. 형상대로 창조하신 이유가 있다. 물론 그 이유가 한두 가지는 아니겠지만 가장 중요한 이유는 늘 하나님과 즐겁게 소통할 수 있는 멋진 인격자로 만들어 하나님의 행복(μακάριος/마카리오스)을 공유할 수 있는 존재로 세우기 위함이었을 것이다.

　피조물 중에 가장 아름다운 존재로 창조된 존재가 바로 사람이다. 피조물 중에 가장 존귀한 하나님의 아들들이 바로 사람이다. 피조물 중에 유일하게 천지를 다스리는 특권을 받은 왕들이 사람이다. 그런데 이들이 하나님의 말씀에 대하여 등을 돌리고 마귀의 말을 따라감으로 죄와 저주의 늪에 빠져 마귀의 노예로 살아가게 되었다. 원죄와 자범죄로 말미암아 깨끗하고 청결했던 사람의 영혼과 마음은 오염되기 시작했다. 죄와 저주의 문화 속에서 인격은 피폐해져 갔다. 마귀 사상에 물들어 더러운 인격이 형성되어져 감으로 자연히 하나님과 소통할 수 없는 인격이 되고 말았다. 그리고 하나님의 행복을 공유할 수 없는 존재가 되어 버린 것이다.

　그럼에도 불구하고 하나님은 사람들을 사랑하셨다. 결국 이들을 구원하기 위해 하나밖에 없는 외아들 예수 그리스도를 보내 주셨다. 죄와 저주의 늪에서 빠져 나올 수 있는 길을 십자가로 열어 놓으셨다. 그리고 이들을 억류하고 있는 마귀의 쇠사슬을 십자가로 부수었다. 구원의 길을 활짝 열어 놓으신 것이다.

　구원의 길을 열어 놓으신 하나님이 구원받아야 할 영혼들을 오늘도 부르고 계신다.

　"죄에서 떠나 구주의 품으로 들어가라!"

"저주의 늪에서 떠나 행복의 나라로 들어가라!"

"마귀의 쇠사슬을 십자가로 끊어 놓았으니 악한 영들에게서 떠나 예수님 품으로 들어가라!"

이와 같은 주님의 부르심을 받아들이는 것이 믿음이다. 부르시는 하나님께 온전히 의탁하는 것이 믿음이다. 죄와 저주 그리고 마귀의 쇠사슬에서 떠나가는 것이 믿음이다. 그리고 구주가 되시는 예수님 안으로 들어가는 것이 믿음이다. 그리고 그 분과 함께 사는 상태가 예수를 믿는 믿음 안에서 사는 것이다(갈 2:20). 또한 예수님을 따라 사는 것이 믿음이다.

성도는 이와 같은 믿음으로 죄사함을 받았고, 의롭다 함을 얻었고, 하나님의 나라에 들어왔다. 그리고 예수님과 함께 살고 있다. 그래도 우리는 여전히 하나님의 성품과 많은 차이가 남을 느낄 것이다. 예수님의 인격과도 많은 차이가 남을 느낄 것이다. 그래서 아담이 범죄하기 전에 가지고 있었던 형상대로 회복되기까지는 많은 시간이 걸리는 것이다.

하나님의 형상대로 지음받은 아담의 인격은 누구를 닮았을까? 바로 하나님을 닮았을 것이다. 서신서에서는 '그리스도의 장성한 분량'이라고 말한다. '하나님의 형상 회복'은 바로 '하나님이 누리시는 행복의 회복'으로 연결된다. 그러므로 죄사함이나 의롭다 함을 받은 것은 구원의 출발점에 불과하다. 시작점에 불과한 것이다. 우리는 구원을 끝으로 생각하면 안 된다. 시작점으로 보아야 한다. 그래서 구원은 하나님처럼 되는 것이다. 예수님처럼 되는 것이다. 그리스도의 형상을 닮아가는 것이다. 그래서 조직신학에서 구원은 칭의와 성화를 포함한다고 주장하는 것이다.

나도 예수님을 닮을 수 있을까?

나는 설교하면서 "여러분, 그리스도의 장성한 분량에 이르도록 성숙해가야 합니다"라고 외쳤다. 그렇게 수없이 외치면서도 내 마음에서는 의심이 떠나지 않았다.

'사람이 정말 그리스도의 장성한 분량에 이르기까지 자랄 수 있을까?'

제자훈련을 하면서도 "우리의 목표는 그리스도의 장성한 분량에 이르는 것입니다. 목표를 분명히 알고 훈련에 임합시다"라고 주문을 외우듯이 말했다. 이렇게 말하면서도 내 마음에 여전히 떠나지 않는 생각이 있었다. '사람이 정말 그리스도의 장성한 분량에 이르기까지 자랄 수 있을까?'

셀 운동이 일어나면서 'D12 양육훈련프로그램'을 만났다. 이것은 그리스도의 장성한 분량에 이르러야 한다는 '성숙'에 초점을 맞추지 않았다. 가치변화, 즉 세계복음화에 초점을 맞추고 있었다. 많은 도전도 받고 은혜도 받았다. 예수님을 닮아가야 한다는 부담감에서 해방된 느낌이어서 좋았다.

약 23년 동안 1300개 교회를 방문하여 집회를 인도하였다. 많은 교회들을 방문하면서 다양한 목회패러다임을 보게 되었다. 제자훈련을 하는 교회, 성령 운동을 하는 교회, 전통적으로 목회를 하는 교회도 있었다. 그런데 제자훈련을 하는 교회도 부흥되는 교회가 있었고, 또 안 되는 교회도 있었다. 성령운동하는 교회도 부흥되는 교회가 있었고, 또 안 되는 교회가 있었다. 전통적으로 목회를 하는 교회들도 부흥되는 교회가 있었고, 안 되는 교회가 있었다. 그런데 내가 발견한 놀라운 것은 부흥되는 교회들의 특징은 모두 행복했었고, 부흥되지 않는 교회들의 특징은 행복하지 않았다는 것이다. 교회의 행복지수가 부흥지수인 것을 보게 되었다.

그런데 많은 교회들을 방문한 결과 행복한 교회는 불과 몇 퍼센트 밖에 되지 않았다. 제자훈련 교재를 살펴보아도 성숙이나 전도와 봉사에는 초점을 두면서도 '어떻게 구원을 누릴 것인가'에 대해서는 가르치는 교재가 없다는 것을 발견하게 되었다.

"예수 믿으면 구원받습니다."

"구원이 뭔가요?"

전도했던 사람에게 전도를 받은 불신자가 반문을 하게 되면 무슨 말을 어떻게 해야 할지 난감해 하는 경우가 많다.

"구원은 어떻게 받나요?"

"믿음으로 받습니다."

"믿음이 뭔가요?"

불신자의 질문 앞에 무슨 말을 어떻게 해주어야 할지 몰라 헤매는 것을 보면서 구원(하나님의 나라)을 어떻게 누릴 것인가에 대한 훈련교재를 써야겠다는 결심을 했다. 이러한 결심으로 교재를 쓰고 교인들과 함께 훈련을 진행하면서 '바른 믿음이어야 하나님의 나라를 누릴 수 있음'을 절절히 깨닫게 되었다.

하나님의 나라는 바른 믿음으로만 누릴 수 있다. 앞에서 다루었듯이 바른 믿음 안에 놀라운 승리가 있고, 놀라운 행복도 있고, 놀라운 능력도 있고, 놀라운 영향력도 있다. 그런데 더 놀라운 것은 나는 죽고 예수님을 따라 살면 그리스도의 형상이 나를 통해 드러난다는 사실이다. '나는 그리스도의 형상을 닮아 갈 사람이야'라고 외친다고 되는 것이 아니다. 바른 믿음, 즉 예수님과 함께 살고 예수님을 따라 살다보면 점진적으로 오염된 인격은 사라지고 예수 그리스도의 인격으로 변해간다는 것을 깨닫게 된 것이다. 그리스도의 장성한 분량에 이른다는 것이 불가능한 것이 아니라는 것을 깨닫게 된 것이다. 불가능한 것을 하나님이 우리들에게 하라고 하실 리가 있겠는가?

손양원목사님

우리 교회에서 실시하고 있는 행복아카데미 제자훈련에서는 훈련을 마칠 때, 졸업여행으로 여수에 있는 손양원 목사님 순교기념관을 찾는다. 그 곳을 찾는 데는 이유가 있다. 그 곳에 가면 바른 믿음으로 살았던 멋진 모델을 만날 수 있기 때문이다. 성경이 아벨에 대하여 "…그가 죽었으나 그 믿음으로써 지금도 말하느니라(히11:4)"라고 증언하는 것처럼 손양원 목사님은 이미 죽었으나 그 믿음으로서 오늘도 한국교회와 우리들에게 여전히 말하고 계시기 때문이다.

손양원 목사님의 행적들을 살펴보면서 입이 벌어질 때가 많다. 어떻게 나병환자들의 썩은 발의 피고름을 입으로 빨아서 뽑아내줄 수 있었을까? 어떻게 자기 두 아들을 죽인 원수를 양아들로 삼아 가족으로 함께 살 수 있었을까? 그리고 두 아들의 장례식에서 아홉 가지의 감사기도를 드릴 수 있었을까?

첫째, 나 같은 죄인의 혈통에서 순교의 자식이 나게
  하셨으니 하나님께 감사합니다.
둘째, 허디한 성도 중에 어찌 이런 보배를
  주께서 하필 내게 맡겨주셨는지 주께 감사합니다.
셋째, 삼남삼녀 중에서도 가장 아름다운 두 아들
  장자 차자를 바치게 된 나의 축복을 감사합니다.
넷째, 한 아들의 순교도 귀하다 하거든
  하물며 두 아들의 순교이리요, 감사합니다.
다섯째, 예수 믿다가 와석종신(臥席終身)하는 것도
  큰 복이라 하거든 하물며 전도하다
  총살 순교 당함이리요, 감사합니다.
여섯째, 미국 가려고 준비하던 내 아들, 미국보다 더 좋은
  천국 갔으니 내 마음 안심되어 감사합니다.
일곱째, 나의 사랑하는 두 아들을 총살한 원수를 회개시켜
  내 아들 삼고자 하는 사랑하는 마음 주신
  하나님께 감사합니다.
여덟째, 내 두 아들의 순교의 열매로 말미암아
  무수한 천국의 아들들이 생길 것이 믿어지니
  우리 아버지 하나님께 감사 감사합니다.
아홉째, 이같은 역경 속에서 이상 여덟 가지 진리와
  신애(神愛)를 찾는 기쁜 마음, 여유있는 믿음을
  주신 우리 주 예수 그리스도께 감사 감사
  감사합니다.

기념관에 갈 때마다 손양원 목사님의 삶을 보면서 매번 '나도

아름다운 인격

저렇게 살 수 있을까?'라는 생각을 하게 된다. 나는 자신이 없었다. 그런 가운데 하루는 손양원 목사님 후임으로 애양원교회를 담임하다가 낙원으로 이민가신 이광일 목사님의 설교를 듣게 되었다. 목사님의 설교문을 주의 깊게 읽어보라.

제가 애양원교회 부임한 후 30년이 지났습니다. 제가 가장 닮고 싶은 분은 손양원 목사님이었습니다. 물론 저같이 부족한 사람이 손양원 목사님처럼 산다는 것은 어려운 일이겠지만 그래도 손양원 목사님처럼 살고 손양원 목사님처럼 목회하고 싶었습니다.

그래서 저는 손양원 목사님에게 복음을 듣고 구원받고 세례받은 분들에게 틈만 나면 손양원 목사님에 대해 물었습니다.

"손양원 목사님은 어떤 분이셨나요?"

손양원 목사님에 대해 물으면 그들은 금방 눈에 이슬이 맺히고, 눈시울이 뜨거워지곤 하였습니다. 전도사 때 부임하셔서 목회하시던 중에 틈만 나면 일주일씩 금식을 하셨답니다.

통곡하며 눈물을 펑펑 쏟으시면서 침상에 무릎 꿇고 기도하시는 것을 보고 교인들은 이렇게 생각했다고 합니다. '워메! 워메! 우리 전도사님도 우리랑 똑같이 나병 들었는갑네. 워메, 어째야쓰까이잉… 워메! 워메! 어째야쓰까이잉….'

교회 성도들은 며칠을 울다가 하루는 손양원 전도사님에게 물었답니다.

"워메, 전도사님도 우리랑 같은 병이 들었는가요?"

이렇게 묻는 교인들의 질문에 손양원전도사님은 전혀 다른 대답을 하시더랍니다.

"아니에요. 차라리 그런 병이라도 들었으면 좋겠습니다."
"아니 그러면 이보다 더 큰 일이 생겼는가요? 그 일이 무엇이래요?"
"예, 내가 살아 있어서요."
"네?"
"날만 새면 죽은 내가 시퍼렇게 살아나기에 나를 죽이느라고 이렇게 금식하며 울고 있습니다. 저를 위해 기도해 주세요."
"우리는 그런 줄도 모르고 전도사님도 우리랑 같이 병든 줄 알고 얼마나 걱정했는지 모릅니다."

저는 이 말을 들으면서 '아하! 이것이 손양원 목사님의 믿음 생활이었구나!' 깨닫게 되었습니다.

하루는 손양원목사님과 함께 생활하셨던 분들에게 물었습니다.
"손양원 목사님을 볼 때 무엇을 느끼셨는가요?"
"네, 손양원 목사님은 꼭 어린아이 같았습니다."
"손양원 목사님을 볼 때 무엇을 느끼셨는가요?"
"네, 꼭 예수님 같았습니다. 그 분 앞에 있는 내가 꼭 예수님 앞에 있는 것 같았으니까요."

손양원 목사님은 훌륭한 목사가 되어야겠다는 야망도 가지고 있지 않았습니다. 그리고 자기가 사랑의 원자탄이 되어야겠다는 생각을 가지고 있다가 나중에 그렇게 된 것도 아니었습니다. 손양원 목사님은 매일매일 자기를 죽이는 데만 관심이 있었습니다. 그는 남을 미워하거나 정죄하지도 않았습니다. 오직 그는 자기 자신과 싸웠던 것이었습니다. 기도하는 목적도 금식하는 목적도 자기를 죽이기 위한 몸부림이었습니다. 손양원 목사님은 우리가 생각힌 것처럼 대단한 분이 아니었습니다. 그는 매우 평범한 신자였고

아름다운 인격

목사였습니다.

나는 이광일 목사님의 설교를 들으면서 무릎을 쳤다. '아하, 바로 이것이구나!' 손양원 목사님이 대단해서 사랑의 원자탄이 된 것이 아니었다. 날마다 나는 죽고 예수님을 따라 사는 삶에 집중함을 통해 썩어 문드러진 인간의 인격은 드러나지 않으며 주인되신 예수님만 드러나고 계셨다는 사실을 발견하게 된 것이다. '아하, 이것이 나는 죽고 예수님으로 사는 자의 참 모습이구나!'

요즈음도 행복아카데미 제자훈련 졸업생들과 함께 애양원을 찾는다. 고인이 되신 이광일 목사님의 설교를 들려주지 못하는 것이 가장 아쉽다. 지금도 그분의 설교를 생각하면 눈에 이슬이 맺힌다.

나는 그분이 전하신 손양원 목사님의 설교를 통해 그리스도의 장성한 분량까지 이를 수 있다는 원리를 배웠다. 그리고 확신을 갖게 되었다. 다시 말해서 나는 죽고 예수님을 따라 사는 바른 믿음이 그 인격을 예수님처럼 성숙시킬 뿐 아니라 승리, 행복, 영향력, 능력의 보물들을 안겨주게 된다는 것을 말이다. 그래서 믿음이 능력인 것이다. "네가 믿으면 영광을 보리라"는 말씀 안에서 믿음은 바라는 것들의 실상이라는 개념이 보이게 되는 것이다. 바울처럼, 손양원 목사님처럼 나는 죽고 예수님과 함께 살고 예수님을 따라 살면 그리스도의 장성한 분량에 이르는 미래가 보인다는 것이다. 하나님께서 누렸던 행복이 보인다는 것이다. 할렐루야!

갈라디아서 2장 20절에 "…내가 그리스도와 함께 십자가에 못 박혔나니…"라는 말씀이 한글성경에서 보면 마치 과거 완료형처럼 느껴지지만 원문을 보면 현재 완료형이다. 현재 완료형이란 작년에 죽었고, 올해도 죽었고, 내년에도 죽을 것이라는 말이다. 어제도 죽었고, 오늘도 죽었고, 내일도 죽을 것이라는 말이 현재완료형의 개념이다. 그러기에 갈라디아서 2장 20절 말씀과 고린도전서 15장 31절 "…나는 날마다 죽노라…"는 말은 동일한 의미인 것이다.

접붙이기 원리를 생각해 보라. 기존 돌배나무에 맛좋은 배나무 가지나 눈을 접붙이기한다. 접붙이기한 후에 기존 돌배나무 가지를 그대로 두면 접붙임을 받은 맛 좋은 배나무 가지는 기존 돌배나무 가지에 눌려 빛을 발휘할 수 없게 된다. 그러나 지혜로운 농부는 접붙인 후에 기존 돌배나무 가지를 모두 다 잘라버린다. 이것을 가지치기라고 한다. 돌배나무 줄기에서 싹이 나면 또 가지치기를 한다. 그리고 접붙임을 받은 맛 좋은 배나무 가지는 줄기처럼 키워간다. 이 작업이 계속되면서 돌배나무는 맛 좋은 배나무로 완전히 탈바꿈하게 된다. 이와 같이 날마다 나를 죽이는 가지치기를 반복함으로써 인간의 모습은 다 사라지고 오직 예수 그리스도의 형상만 남게 되는 것이다. 가지치기를 하지 않고 그대로 방치하면 그리스도와 연합된 자인지, 그렇지 않은지를 분별할 수 없게 될 것이다.

바울과 같이 그리고 손양원 목사님과 같이 날마다 나(죄성, 옛 자아)를 죽이고 늘 예수님과 함께 살고 예수님을 따라 사는 바른 믿음의 종합세트에 인생을 건다면 기필코 예수 그리스도의 모습이 드러나게 될 것이다.

김재현 장로님

바른 믿음의 모델로 소개하고 싶은 분이 또 한 분 계신다. 나의 어머님과 가족들이 가장 서럽고 의지할 데 하나 없을 때, 예수님을 만날 수 있도록 교회를 세워주신 분이 김재현 장로님이시다. 어머니는 김 장로님이 세워주신 교회를 통해 예수님을 만났고, 우리 모든 가족들도 예수님을 구주로 영접하고 독생자를 주신 하나님을 아버지로 모시게 되었다.

김재현 장로님은 목포의 최초 선교사이신 유진벨 선교사님이 세운 교회에서 장로 임직을 받으신 분이다. 김 장로님은 2대 독자였고, 장로님의 아들(김광수)은 3대 독자였는데, 당시 고려대학교 경영학과를 다니고 있었다. 그가 대학 3학년 때 6.25가 터졌다. 학업을 중단하고 목포로 피난을 내려왔다. 당시 목포의 상황은 공산군들이 이미 침투한 상태였다. 낮에는 국군들이 활동하고, 저녁에는 공산군들과 좌익사상에 물든 사람들이 왕성하게 활동하고 있었다. 당시 우리 고향의 인사말 중에 "밤새 안녕하셨소?"라는 말이 있다. 왜냐하면 밤만 되면 많은 사람들이 공산군들과 좌익사상에 물든 자들에게 끌려가서 비참하게 죽임을 당하였기 때문이다. 불안한 상황이 계속되었다. 김 장로님은 혹시 '아들에게 무슨 변고가 생기면 어떻게 하나?'라는 불안감 때문에 아들을 덩치가 큰 친구와 함께 해남에 있는 외가댁으로 피난을 보냈다. 약 2, 3개월 동안 외가댁에서 지내던 두 젊은이들이 지루했는지 목포로 오고 있었다. 낮에는 산에 숨어 있다가 밤을 이용해 산길로만 걸어서 유달산 꼭대기를 방향삼아 목포를 향해 오고 있었다. 한 달 쯤 걸어서 왔는데 더 이상은 전진할 수 없었다. 왜냐하면 바다가 가로막혀 있었기 때문이다. 그래서 그들은 바닷가 야산에 숨어 있었다. 목포에 가는 배가 있으면 타고 가기 위해서이다. 그런데 이 두 젊은이들이 야산에서 좌익들에게 잡히고 말았다. 좌익세력들은 두 젊은이를 죽창으로 찌르고 돌로 치기 시작했다. 장로님의 삼대독자 외아들은 그 자리에서 죽창과 돌에 맞아 죽었다. 좌익들은 아들의 친구가 죽지 않자 큰 바위만한 돌을 그 청년에게 묶어서 저수지에 빠트려 죽였다. 시체로 변한 삼대독자 외아들은 며칠 동안 버려진 채로 있었다. 시신이라도 매장시켜 주어야겠다고 마음을 먹은 선량한 주민이 가묘를 써 주었고 매장하는 과정에서 아들의 호주머니 속에 있는 주소를 발견하고 장로님에게 아들이 죽은 사실을 알려 주었다. 김 장로님은 당시 목포에서 오두막이라는 경양식집을 운영하고 계셨다. 이 소식을 들은 김 장로님 내외분이 찾아와 묘를 파헤쳐 보니 삼대독자 외아들이 아닌가? 그 자리에 털썩 주저앉고 말았다. "어째 이런 일이…" 그런데 시신 앞에서 한참 울던 김장로님이 이렇게 말씀 하셨다.

"아들아, 네가 여기서 흘린 피가 너를 죽이려고 죽창으로 찌르고 돌로 쳤던 자들과 그 후손들을 살리는 보혈이 되기를 바란다."

장로님 내외분은 아들이 죽임을 당한 그 야산 일부를 사서 예배당을 지으셨다. 그리고 교역자가 생활할 수 있는 사택을 예쁘게 지으셨다. 그리고 전도사님을 파송하여 생활비를 후원해 주면서 교회를 세워 가셨던 것이다. 그리고 가끔 전도지를 들고 와서 주민들에게 복음을 전해주기도 하셨다. 그 전도지를 받은 자들 중에 아들을 찔러 죽인 자도 있었을 것이다. 삼대독자 외아들을 돌로

쳐 죽인 자들의 자녀들도 있었을 것이다.

어떻게 이런 삶이 가능할까? 장로님 내외분의 모습이 바로 나는 죽고 예수님으로 사는 자의 참 모습이었다. 갈라디아서 2장 20절이 실제가 되는 삶이 아닌가 싶다.

나는 우리 모교회를 세워 주신 김 장로님을 보면서 나는 죽고 예수님으로 산다는 것이 바로 이런 모습이라는 것을 볼 수 있었다. 바로 이것이 바른 믿음으로 사는 모습이다. 장로님의 주인은 언제나 예수님이셨다. 삼대독자 외아들의 주인도 예수님이셨다. 이 장로님의 믿음이 아브라함과도 닮았다. 그리고 욥과도 닮았다.

이처럼 바른 믿음으로 산 결과가 어떻게 나타나고 있는가? 그는 아벨처럼 죽었으나 지금도 믿음에 대하여 증언하고 있다. 그리고 그가 세운 교회를 통해 수많은 영혼들이 살아나고 수많은 예수님의 동역자들이 일어나고 있다.

바른 믿음 안에 가장 아름다운 인격이 있었다. 아름다운 인격은 바른 믿음 안에 들어있는 보물이다. "나는 날마다 죽노라"고 말했던 바울처럼 산다면 자연히 그리스도의 장성한 분량에 이르게 된다. 예수님의 형상을 닮는 것이 불가능한 것이 아님을 증명한다.

구원이란 죄사함 받고 천국에 가는 것만이 아니다. 예수님처럼 사는 것이다. 그리스도의 장성한 분량에 이르는 것이다. 이것이 구원이다. 원죄와 자범죄로 부패되고 오염된 인격들이 나는 죽고 예수님으로 사는 지수에 따라 예수님의 모습으로 드러날 것이다. 그리고 하나님의 형상을 닮는 지수만큼 승리를 경험하게 될 것이다. 또한 행복을 누리게 될 것이다. 그리고 놀라운 능력이 나타날 것이고 놀라운 영향력이 드러날 것이다. 그리고 복음 안에서 눈부신 미래를 경험하게 될 것이다. 당신도 예수님의 인격을 닮을 수 있다. 바른 믿음, 즉 나는 죽고 예수님을 따라 산다면 말이다. 이것이 바로 바른 믿음의 능력이고 영향력이다.

Chapter 6

예수님의 은혜는 멈출 수 없는 은혜라는 것
이것이 사도요한에게 임한 은혜요, 바울에게 임한 은혜요, 우리 모두에게 임한 은혜이다.

chapter 6
은혜 위에 은혜

우리가 다 그의 충만한 데서 받으니 은혜 위에 은혜러라
(요 1:16)

　사도 요한은 자신의 귀로 듣고, 눈으로 보고, 손으로 만진 예수 그리스도를 전해주고 싶어서 요한복음을 기록했다. 요한복음 1장에서 그는 어떻게 하면 자기가 만난 복음을 알기 쉽고, 느끼기 쉽고, 누리기 쉽도록 전해줄 수 있을까를 염려한 흔적이 보인다. 그가 체험한 복음을 쉬운 언어로, 적용언어로 어떻게 표현하고 있는지 살펴보자.

빛

　요한복음 1장에 가장 많이 나온 단어가 '빛'이라는 단어이다. 사도 요한에게 "예수님이 누구입니까?" 라고 물으면 그는 한 마디로 "네, 예수님은 빛입니다"라고 증언하고 있다.

　　"**참 빛** 곧 세상에 와서 각 사람에게 비추는 **빛**이 있었나니" (요 1:9)

빛은 생명이요, 빛은 능력이다. 아무리 어두운 자라도 빛이 되신 예수님을 만나는 자마다 밝아진다는 것이다.

은혜 위에 은혜

사도 요한이 경험한 복음은 은혜 위에 은혜였다.

"우리가 다 그의 충만한 데서 받으니 은혜 위에 은혜러라"(요 1:16)

빛이 되신 예수님의 은혜는 단회적 사건으로 끝나는 것이 아니라 은혜 위에 은혜였다. 계속해서 공급되는 은혜라는 뜻이다. 무슨 은혜든지 그 은혜 위에 은혜가 임하고 또 그 은혜 위에 은혜가 임하고 또 그 은혜 위에 은혜가 임한다는 것이다. 예수님의 은혜는 멈출 수 없는 은혜라는 것이다. 이것이 사도 요한에게 임한 은혜요, 바울에게 임한 은혜요, 우리 모두에게 임한 은혜이다. 사도 요한이 만나고 경험한 예수님의 은혜는 은혜 위에 은혜였다. 이와 같은 은혜가 계속 임하게 되면 어떤 결과가 나타나는가?

이보다 더 큰 일을 보리라

"예수께서 대답하여 이르시되 내가 너를 무화과나무 아

래에서 보았다 하므로 믿느냐 이보다 더 큰 일을 보리라"(요 1:50)

예수님을 만난 빌립은 너무 좋았고 또한 행복했다. 그는 즉시 한 동네 사람 나다나엘을 찾아가 전했다.

"모세가 율법에 기록하였고 여러 선지자가 기록한 그이를 우리가 만났으니 요셉의 아들 나사렛 예수니라."

"나사렛에서 무슨 선한 것이 날 수 있느냐"

'와서 보라'고 빌립이 나다나엘을 끌고 예수님께로 왔을 때 예수님이 나다나엘을 보고 하시는 말씀이다.

"보라 이는 참으로 이스라엘 사람이라 그 속에 간사한 것이 없도다."

"어떻게 나를 아시나이까?"

"네가 무화과나무 아래에 있을 때에 보았노라."

나다나엘이 놀라서 예수님께 대답한다.

"당신은 하나님의 아들이시요 당신은 이스라엘의 임금이로소이다."

이 말을 들으신 예수님의 대답이다.

"뭘 그 정도 가지고 놀래니? 이보다 더 큰 일을 보리라"고 하신다.

"이보다 더 큰 일을 보리라."

매우 의미있는 말씀을 하신 것이다. 그렇다. 예수님은 빛이시다. 그 분의 은혜는 은혜 위에 은혜다. 그러니 자연히 결과가 "이보다 더 큰 일을 보리라"로 나타나게 된다. 구약 성경에서 바른 믿음의 모델 두 사람, 라합과 룻을 특별히 소개하려고 한다. 그리고 이 복음이 내 가정과 나에게 어떻게 적용되었는지를 증언하고 싶다.

라합

라합은 여리고 사람이다. 그의 직업은 기생(הזָנָ/매춘부)이다. 그가 어떻게 해서 이런 지경에 놓이게 되었는지는 성경이 밝히고 있지않아서 모르지만 인생이 묘하게 꼬인 것만은 사실이다. 그런데 여기서 신비하게 알 수 있는 것은 술 팔고 몸 파는 일에 종사함으로 그가 당시 중동의 놀라운 뉴스를 듣게 되었다는 점이다. 하루는 암몬 사람과 술자리를 같이 하면서 지팡이를 든 할아버지에게 애굽의 바로가 꼼짝을 못하고 있다는 뉴스를 들었다. 그 다음날은 모압 사람과 술자리 하며 지팡이를 든 할아버지를 통해 애굽에 쏟아진 여러가지 재앙으로 애굽이 심히 어렵다는 말을 들었다. 또 그 다음날은 애굽 사람에게 애굽에서 벌어진 일들을 소상히 듣고, 이제 그 백성들이 출애굽하여 가나안 땅을 향해 진격해 온다는 소식을 듣게 되었다. 믿음은 들음에서 나온다는 말처럼, 라합은 이 모든 소식을 듣고 마음에 결단을 하게 된다.

"애굽의 신이 이기지 못한 여호와 하나님을 우리도 섬겨야만 우리 가족들이 살 수 있겠구나!"

라합의 믿음에 대하여 야고보서 2장 25절은 이렇게 말한다.

"또 이와 같이 기생 라합이 사자들을 접대하여 다른 길로 나가게 할 때에 행함으로 의롭다 하심을 받은 것이 아니냐"

회심이 이루어진 라합의 믿음을 보시고 하나님은 정탐군을 보내어 라합의 가족들에게 살 길을 제시해 주고 오도록 한다. 그리고 여리고성이 무너졌을 때 라합과 그의 가족들은 구원을 받게 된다.

"하나님, 우리 가족들을 구원해 주서서 감사합니다."
라합이 뜨거운 감사기도를 드렸다. 이 기도를 들으신 하나님은 이렇게 대답하셨다.
"뭘 그 정도 가지고 놀래니? 은혜 위에 은혜가 너에게 임할 것이고, 그 은혜의 결과로 이보다 더 큰 일을 보게 될 것이다."
이제 라합은 이스라엘 백성의 반열에 들어 왔다. 라합을 보고 한눈에 반한 사람이 나타났다. 그의 이름은 살몬이다. 유다지파였다.
"라합씨, 저와 결혼해 주세요"
"아닙니다. 저는 결혼할 수 없답니다."
"저는 라합씨 없이는 못 살 것 같습니다. 결혼해 주세요."
"살몬씨, 저와 결혼하면 후회하실 거예요."
"저는 절대로 후회하지 않을 것입니다. 결혼해 주세요."
"살몬씨가 저를 잘 몰라서 그래요. 저는 살몬씨와 결혼할 만한 사람이 못됩니다."
"라합씨, 라합씨가 없는 제 인생은 인생이 아닙니다."
"결혼해 드릴 수 없다니까요. 다시는 저를 찾아오지 마세요."
"라합씨, 라합씨가 저와 결혼해 주지 않으면 저는 죽어버릴 것입니다."
하는 수 없이 살몬씨의 청혼을 받아들이기로 했다. 결혼식을 올리는 그 날 밤 하나님께 감사기도를 드린다.

"하나님, 정말 고마워요. 나 같은 여자가 가정을 꾸리게 되다니요. 꿈만 같습니다."

"뭘 그 정도 가지고 놀래니? 이보다 더 큰 일을 보게 되리라."

얼마 지나지 않아 못 가질 줄 알았던 아이가 들어섰다. 아들을 낳았다. 그 아들의 이름은 보아스였다. 그리고 라합은 마태복음 1장에 등장한 왕들의 족보에서 여자로서 당당히 왕비 자리에 앉아 있다.

라합에게 있어서 복음은 빛이었다. 빛 되신 주님의 은혜는 은혜 위에 은혜였다. 라합의 믿음은 떠남이었다. 전적인 의탁이었다. 주인 바뀜이었다. 따름이었다. 드림이었다. 믿음의 종합세트였다.

빛이 되신 은혜는 은혜 위에 은혜가 계속 반복되었다. 그는 복음의 원리대로 이보다 더 큰 일을 보게 된 것이다. 이것이 라합이 눈으로 보고 손으로 만진 복음이다.

룻

사사들이 치리하던 때에 이스라엘 땅에 흉년이 들었다. 유다 베들레헴에 살던 엘리멜렉이라는 사람이 그의 아내 나오미와 그의 두 아들 말론과 기룐을 데리고 모압으로 흉년을 피해 왔다. 말론과 기룐은 모압 여인과 혼인하였다. 그런데 얼마 후, 엘리멜렉이 죽더니 말론과 기룐도 죽어버리고 말았다.

남자들은 다 죽고 이제 시어머니와 두 며느리만 남았다. 시어머니 나오미가 두 며느리들을 하라고 너희 고향으로 돌아가 새로운 남편을 만나 새로운 인생을 시작하라고 멀했다. 이 말을 들은 한 자부는 나오미의 볼에 입을 맞추고 모압으로 떠났다.

그러나 룻이라는 자부는 떠나지 않고 시어머니에게 이렇게 말한다. 룻기 1장 16절이다. 주의 깊게 살펴보라.

"룻이 이르되 내게 어머니를 떠나며 어머니를 따르지 말고 돌아가라 강권하지 마옵소서 어머니께서 가시는 곳에 나도 가고 어머니께서 머무시는 곳에서 나도 머물겠나이다 어머니의 백성이 나의 백성이 되고 어머니의 하나님이 나의 하나님이 되시리니"

사람이 말을 할 때 중요한 말을 먼저 하는가? 아니면 나중에 하는가? 나중에 한다. 룻이 시어머니에게 했던 말 가운데 가장 핵심적인 말은 "어머니의 백성이 나의 백성이 되고 어머니의 하나님이 나의 하나님이 되시리니"라는 말이다. 이 말은 바로 룻의 신앙 고백이다. 시어머니 나오미가 이 말을 들은 뒤에는 모압으로 돌아가라는 말을 하지 않는다. 왜냐하면 룻의 고백은 하나님을 아버지로 섬기며 이스라엘 백성의 반열에 들어오겠다는 믿음의 결단이기 때문이다. 룻은 남편과 두 아들을 잃은 시어머니의 모습에서 하나님을 볼 수 있었다. 나오미는 극한 시련 속에서 멋진 믿음을 룻에게 보여주었던 것이다. 시련을 이겨나가는 시어머니의 모습을 통해 룻은 하나님을 알았고 그 분께 자신을 드리기로 결단했다. 하나님을 따르는 믿음 때문에 평생 우월감이 강한 이스라엘 백성들에게 짐승의 취급을 받더라도 하나님을 아버지로 섬기고 이스라엘의 반열에 들어설 수만 있다면 나는 그 길을 가겠다고 하는 신앙고백이었다. 룻의 믿음은 떠남이었다. 주인 바뀜이었다. 전적인 의탁이었다. 따름이었다. 드림이었다. 하나님과 함께 사는 삶이었다. 바로 믿음의 종합세트였다.

이런 믿음의 결단으로 나오미를 따라왔던 룻은 노숙자와 같았다. 이삭을 주어서 시어머니를 공궤해야 하는 힘겨운 인생길을 걸어가야 하는 어두운 인생이었다.

그러나 이삭을 주워 처음으로 갔던 밭에서부터 은혜가 임하기를 시작했다. 일꾼들의 은혜, 주인의 은혜… 그 은혜는 계속 은혜 위에 은혜로 부어졌다. 보면 볼수록 느낌이 좋은 남자, 가까이하면 할수록 기대고 싶은 남자, 아내를 사랑할 줄 아는 남자 보아스를 신랑으로 만나게 하셨다. 결혼하는 날 두 손을 모으고 기도한다.

"하나님, 나 같은 여자에게 과분한 남편을 허락해 주심을 감사합니다."

"뭘 그 정도 가지고 그러니? 은혜 위에 은혜가 임할 텐데… 그 때는 이보다 더 큰 일을 보게 될 터인데…"

룻이 만난 복음은 빛이었다. 룻이라는 여인이 그 분 때문에 얼마나 밝아졌는가? 상상을 초월할 정도로 밝아졌다. 그리고 은혜 위에 은혜가 계속 부어졌다. 아들을 낳았는데 그 아들이 오벳이었다. 오벳은 이새를 낳았고, 이새는 다윗을 낳았고, 다윗은 솔로몬을 낳았다. 솔로몬은 르호보암을 낳았다. 그 후 왕, 왕, 왕, 왕, 왕… 예수… 하나님의 나라 확장으로 이어진다. 이것이 룻이 경험한 복음이다.

어머니와 나

나는 불우한 가정에서 태어났다. 나의 어머니와 아버지는 스물다섯 살 차이가 났다. 아버지의 본 부인이 아들 셋, 딸 둘을 낳아놓고 돌아가신 것이다. 어머니는 이 사실을 알고 시집오셨는지 모르고 오셨는지 나는 모른다. 어머니가 시집와서 보니 아버지가 낳은 큰 아들하고 어머니는 동갑이셨다. 어머니가 아버지에게 시집오셨을 때 우리 가정 형편은 매우 가난했다. 내가 어릴 때 어머니에게 묻기를

"어매, 이런 집에 뭣하러 시집왔어?"

라고 하면,

"너 낳으려고 왔지."

하면서 나의 입을 막았던 생각이 난다. 성실하고 근면하신 어머니께서 혼신의 힘을 다해 재산을 늘려가며 배다른 오남매가 먹고 살 수 있도록 전답을 떼어주면서 출가시키셨다. 이러는 중에 어머니는 아버지에게서 육남매를 낳으셨다. 칠남매, 팔남매, 더 낳으실 텐데 여섯째의 돌날 아버지 상여가 나갔다. 그래서 여섯으로 끝이 난 것이다. 아버지께서 돌아가실 때 내 나이는 여섯 살이었다. 나는 아무 것도 모르고 누군가가 전 부쳐주면 먹고, 사과, 떡, 오징어 주면 좋아하며 받아 먹었다. 아버지께서 돌아가신 것에 대해 전혀 느끼지 못했다. 그저 몸부림치며 통곡하는 어머니를 보면서 덩달아 운 기억 밖에 없다. 아마도 어머니는 아버지가 돌아가신 뒤에 혼자 육남매를 키울 생각을 하니 더 기가 막혔을 것이다. 누가 통곡하는 그 여인의 마음을 알 수 있겠는가? 장례를 치른 뒤에 넘어

야 할 산들을 생각하니 앞이 보이지 않으셨을 것이다.

이때까지만 해도 나의 집은 무당이 파고 살았고 1년이면 큰 굿을 세 번씩이나 할 정도로 우상숭배에 지극정성이었다. 아버지가 돌아가신 후 무당이 하는 말이다.

"큰 굿 세 번 안하면 또 누가 죽어!"

이 말에 놀란 어머니는 1년 농사지어 굿하는데 다 쓰실 정도로 온 정성을 다 쏟았다. 큰 굿을 세 번 한 후에 어머니는 마당에 아버지 상방을 지어 놓고 매일 아침과 저녁으로 살아생전과 똑같이 밥상을 진설하셨다.

아버지께서 돌아가신 후에 우리집은 어두움 그 자체였다. 길이 보이지 않았다. 그 어느 누구 하나 어머니 편에서 말려주는 사람은 없었다. 태풍 앞에 외로이 켜있는 등잔불처럼 불안했다. 외로웠다. 두려웠다. 서러웠다.

하루는 배다른 삼형제가 어머니를 찾아와서 하는 말이다.

"예말이요 어매, 동상(아우)들은 우리가 키울탱게 거시기 허시쇼?"

"어야, 저 눈깔 뻔히 뜨고 자빠져 있는 새끼들 놔두고 무슨 팔자를 고치겠다고 시집을 가겠는가? 저 어린 것들 바라보고 살아야지."

그 날 이후부터 배다른 삼형제는 어머니를 쫓아내기 위해 사흘 걸러서 술을 잔뜩 먹고 동네를 들었다 놓았다 하면서 우리집을 향해 진격해오기 시작했다. 대한민국에서 민방공 훈련은 우리집에서부터 시작되었다. 민방위 대장이신 어머니의 대피명령이 떨어지면 우리는 남의 집 부엌 나무속으로 들어가 숨는다.

"나가!"

"못나가!"

연약한 우리 어머니를 장정들이 쥐어박는다. 마당으로 뺑, 뺑, 나가떨어지면서 머리가 시골 돌담에 부딪친다.

"오매오매, 나 죽네! 오매오매, 나 죽네! 사람 살려! 사람 살려!"

죽을 것 같은 어머니의 비명소리가 들려왔다. 못 견딜 정도의 비명소리가 온 동네를 뒤흔들었다. 금방이라도 숨이 넘어가버릴 것 같은 순간이었다. 나와 형제들은 대피 장소에 숨어 불안한 마음을 움켜쥐고 부들부들 떨면서 하염없는 눈물을 흘릴 수밖에 없었다. 전우의 시체를 넘고 넘은 뒤 나와 형제들은 어머니를 부둥켜안고 눈물로 서러운 마음을 달랠 수밖에 없었다. 예수님을 만나기 전에 우리 가정은 불안, 공포, 서러움, 고통, 어두움, 눈물, 두려움, 앞이 보이지 않는 절망이었다. 어머니는 돌담에 머리를 자주 부딪혀 머리가 너무 많이 아프셨다. 그래서 수건으로 머리를 동여매고 사셨다. 이뿐이랴! 중상모략, 정신적 충격은 또 얼마나 컸을까? 수건을 동여매고 하루하루를 사시는 어머니를 향해 나는 물었다.

"왜 그렇게 보기 싫게 수건을 동여매고 사요?"

"아야, 대그박이 벌어져 버리려고 하니까 그러지."

어머니는 하루에 세 번씩 뇌신이라는 진통제를 먹어야 하루를 지낼 수 있었다. 누군가가 골병든 데는 똥물이 약이라고 했는지 변소에서 똥물을 병에 담아 먹는 것을 볼 수 있었다.

"어매, 더러운 똥물을 어떻게 먹어. 아휴, 저 손으로 또 밥하고 된장국 끓일까?"

"그래도 이 손으로 밥 짓고 국 끓이넌 맛있어야."

"더러운데 뭐가 맛있어?"

"그러면 니는 먹지 마라."

희한하게 밥상 앞에서는 똥물 생각이 나지 않았다.

아버지 형제 중에 작은 아버지가 생존해 계셨다. 하지만 우리에겐 아무 힘이 되지 못했다. 아버지 살아계실 때 우리 어머니를 향해 "형수님, 형수님" 하며 따랐던 동네 유지와 이장 그리고 마을 사람들은 강 건너 불구경하듯 했다. 사람은 우리가 붙들고 살 대상이 아니었다.

그러나 하나님은 우리 가정을 외면하지 않으셨다. 절망을 소망으로, 두려움을 평안으로, 어두움을 빛으로, 저주를 복으로 회복시키기 위하여 복음의 사신을 보내셨다. 김순금 집사님이다. 우리 동네에서 유일하게 교회다니는 사람이었다. 우리 동네에서 교회까지는 8Km 쯤 된다. 이 분은 어머니보다 먼저 남편을 잃고 혼자되셨다. 과부 속은 과부가 안다고 하지 않았던가? 하루는 어머니를 찾아와 하는 말이다.

"형님, 형님은 예수 믿어야 돼!"

"왜?"

"사람은 믿을 것 없어. 하나님 밖에 믿을 이 없어!"

"자네나 잘 믿게. 이 사람아!"

"형님, 예수님 밖에 없어. 살라면 예수 믿어야 된다니까!"

"자네나 잘 믿게. 만약 내가 교회 나간다면 이제 백씨 가문이 일어나 내 모가지를 밟아 죽일걸세. 자네 나 죽는 꼴 보려고 그런가?"

"형님, 하나님은 살아계셔. 누가 하나님을 해봐? 하나님은 절간의 부처상이 아녀. 입이 있어도 말 못하는 부처상이 아녀. 귀가 있어도 듣지 못한 부처상이 아녀. 가만히 앉아 있는 부처가 아니란 말이여. 하나님은 살아 역사하시는 분이랑께."

"자네나 잘 믿게."

"형님, 형님 속은 내가 잘 알아. 예수 없이 형님 살 것 같아? 못 살아."

"어야, 들에 나가서 당장 할 일이 많아서 못 가."

"형님, 내일 교회가면 내가 모레 품앗이 해 줄게."

어머니를 위해 하루종일 일해주겠다는 말에 감동을 받았다. 사람은 누구나 자신을 위해 희생하는 사람에게 마음이 간다.

"어야, 하루종일 일해주면서까지 나를 교회 데리고 가고 싶었는가? 내가 교회 한 번 나가 줌세. 하지만 모레 하루종일 일해주려고 하지 말게나. 단 조건이 하나 있네. 다음에 또 교회가자고 하면 안 되네. 알겠는가?"

"예."

이렇게 해서 교회를 가게 되었다. 처음으로 교회에 가서 앉아 있는데 기도가 뭔지, 찬송이 뭔지, 설교가 뭔지 아무 것도 몰랐다. 하지만 하나님은 상처받고 갈기갈기 찢긴 심령을 성령의 감성적 임재로 어루만지기 시작하셨다.

성령의 감성적 임재가 임하니 어두운 마음이 밝아지기 시작했다. 불안했던 마음이 순식간에 평안해졌다. 슬펐던 마음이 기쁘기 시작했다. 어머니는 자신도 모르게 마음문의 빗장을 풀고 말았다. "오매오매, 내가 살 곳이 이곳이구마이잉." 하염없는 은혜와 감격의 눈물이 흐르고 있었다. 마음문을 여는 순간 빛이 되시고, 길이 되시고, 신랑되신 예수님이 어머니 속으로 쏙 들어오셨다.

한 번만 교회 가주겠다고 하셨던 어머니는 주일 오후에 자신을 선도한 김순금 집사님 댁을 찾아 갔다.

"어야, 저녁에도 예배가 있다고 안하던가?"

"형님, 나는 저녁예배는 안 다녀요."

"어야, 이 사람아! 전도하려면 똑바로 하게나. 어서 가세."

사실 아녀자 혼자 논 둑 2km, 신작로 2km, 산 길 2km, 뚝방길 2km 합 8km를 걸어서 저녁예배에 다닐 수 없었을 것이다.

함께 저녁예배를 다녀오신 어머니는 새벽 3시 30분에 다시 김순금 집사님 댁을 방문하여 문을 두드린다.

"어야, 어야."

눈을 비비며

"형님, 이 새벽에 어쩐 일이세요?"

"어야, 새벽에도 예배가 있다고 안 하던가?"

"형님, 나는 새벽에는 한 번도 안 나가 봤어요."

"어야, 이 사람아, 예수를 믿으려면 똑바로 믿게."

예수님은 자신을 말할 때 "길이다, 빛이다, 생명이다, 신랑이다."라고 하셨다. 이 말이 나는 시적 표현인 줄 알았다. 그런데 이 표현은 사실적 표현이었다.

어머니 안에 임하신 예수님은 길이셨다. 길 되신 예수님을 만난 후에 방황은 끝이 났다. 처음 교회 나가시던 날부터 길 되신 예수님은 "딸아! 너 저녁예배드리러 가야지. 딸아! 너 새벽 기도 해야지. 철야 기도해야지."하시며 어머니를 이끄셨다. 새벽예배와 공예배를 한 번도 결석하신 일이 없으셨다. 육신의 장막을 떠나 낙원에 입성하시는 순간까지 예수님은 어머니의 길이 되셨다.

어머니 안에 임하신 예수님은 빛이셨다. 예수님을 만난 어머니는 밝아지기 시작하셨다. 어머니를 통해 예수님을 만난 우리 형제들도 밝아지기 시작했다.

  길이 되시고, 빛이 되신 예수님은 신랑이셨다. 아버지가 돌아가신 후에 어머니는 아버지를 생각하며 많이 우셨다. 밤 2시쯤 화장실을 가기 위해 일어나면 어머니는 바느질을 하시면서 울고 계셨었다.

  "엄마, 왜 울어?"

  "아야, 너희 아버지 아무 일 못해도 저 윗목에 가만히 누워만 있어도 얼마나 좋겠냐이잉."

  그런데 예수님을 만난 후에 어머니가 아버지를 생각하며 우시는 모습을 본 적이 없다. 어머니에게 예수님은 신랑이셨다.

  예수님을 만난 우리 어머니는 전투력이 증강되셨다. 사흘에 한 번씩 쳐들어오는 형제들이 올 날만 되면 고양이 앞에 쥐처럼 안절부절 못했던 어머니가 이제는 눈 하나 깜빡하지 않으셨다. 정말 예수님이 피난처가 되시고 산성이 되셨다.

  어머니를 내어쫓기 위해 끊임없이 괴롭히던 배다른 삼형제는 어머니를 공격해서는 그들의 목적을 이룰 수 없다고 판단하고 공격목표를 바꾸었다. "동조 이 놈의 새끼, 작두로 모가지 잘라버리겠다"고 했다. 듣기만 해도 소름끼치는 말이다. 그 때 내 나이 아홉 살, 초등학교 2학년 때다. 놀란 어머니는 용당 초등학교에 다니는 나를 학교 다녀오는 길에 해칠까 싶다며 바로 광주 서석초등학교로 전학시켜 주셨다.

  아버지 돌아가신 후 어머니는 사위라도 쩡쩡하게 얻으면 그들이 조금 무서워할 것 같았는가 보다. 그래서 그랬는지 모르지만 큰 누님을 광수로 시집 보내셨다. 어머니는 나보다 3살 위인 형과 나를 누님의 신혼방에서 얹혀살게 하셨다. 누님은 시집에서 시어머니와 시동생을 모시고 살고 계셨다. 사실 나는 광주로 유학을 간 것이 아니라 피난을 간 것이다. 피난살이가 쉽지 않았다. 사돈 어르신들 눈치를 보며 어린 시절을 눈물로 보내야 했다. 그 때는 왜 그렇게도 배가 고팠는지 길거리에 파는 튀김, 붕어빵, 복숭아, 감 등등 모든 것이 다 먹고 싶었다. 그러나 나는 먹을 수 없었다. 그러다 보니 어머니 생각이 더욱 사무쳤다. 이불 속에 들어가 아무도 몰래 어머니 생각에 잠겨, 서러움에 눈물 흘리다가 잠이 들곤 하였다.

지금 와서 생각해 보면 예수님이 나를 사돈 댁에서 고생시킨 것이 아니라 단련시키신 것이었다. 나는 거기서 인내를 배웠다. 살아남는 법을 배웠다. 사람들 비위 맞추는 법도 배웠다. 내 인생에 가장 힘든 순간들이었지만 나에게 있어서 가장 소중한 순간이었다. 예수님은 나를 어릴 때부터 목회자 수업을 시키신 것 같다.

내가 힘들게 지내는 것보다 시골에 계신 어머니가 더 걱정이 되어 울고, 보고 싶어 울었다. 누님의 따가운 채찍을 맞고 서러워 울고 또 울었다. 지금 생각해 보면 나보다 누님이 더 힘든 나날들을 보냈을 텐데….

나는 점심시간이 가장 싫었다. 다른 아이들 도시락은 쌀밥에 오징어볶음, 멸치볶음, 계란 후라이, 콩자반이었다. 나의 도시락은 꽁보리밥이었다. 시커먼 보리밥 도시락이 어렸을 때 내 기를 얼마나 죽였는지 모른다. 나는 소풍가는 것도 싫었다. 내 소풍 가방에는 찐 계란이나 찐 밤 그리고 과자나 사이다 같은 것이 없었다. 서로 주고받으며 교제가 이루어지는데 나는 친구들에게 줄 것이 없어서 항상 외톨이였다. 그 때는 서럽고 고통스러웠지만 지금 와서 생각해 보니 예수님은 나를 소외된 이웃의 마음을 헤아릴 줄 아는 자로 훈련시키고 계셨다.

시골에서 초등학교를 다닐 때는 그런대로 공부를 조금 한 것 같았는데, 광주에 올라와서는 공부도 잘 되지 않았다. 내가 나를 보아도 크게 가능성이 보이지 않았다. 중학교를 시험 봐서 들어갈 때 나는 겨우 동성중학교에 들어갔다.

중학교에 다니던 시절은 내 인생에 있어서 가장 춥고 쓸쓸한 시절이었다. 병들어 사는 것도 서러운데 학교에서 버림을 받았다. 어머님은 병든 나를 데리고 부흥회에 데리고 가셨다. 나는 거기서 나를 기다리시는 예수님을 만났다. 내가 만난 예수님은 빛이셨다. 그리고 그 분의 은혜는 은혜 위에 은혜였다. 성령체험의 은혜, 어려운 상황에서도 공부할 수 있는 은혜, 검정고시를 통해 대학진학의 은혜, 병 고침의 은혜를 경험했다. 비참한 지경에 몰아넣었던 질병이 사라졌다는 사실을 군 징집을 위한 신체검사 판정을 통해 알게 되었다.

군대 가는 날 다른 친구들 대부분은 울면서 입영열차를 탔다. 그러나 나는 달랐다. 학교에서 질병 때문에 버림받은 몸이 성령님의 기름부음으로 치료받아 자랑스럽게 논산훈련소에 입대하게 되니 눈에 보이는 것이 없었다. "사나이로 태어나서 할 일도 많다만 너와 나 나라 지키는 영광에 살았다…!" 힘차게 군가를 부르고 당당하게 입대했다.

논산훈련소 6주 훈련이 거의 마쳐가는 마지막 6주째 멋진 장교 한 분이 나타났다. 내가 세상에 태어나 그렇게 멋진 장교, 그리고 그렇게 멋있는 군복은 처음 봤다. 목소리도 논산훈련소 장교와는 너무 달랐다. "대통령 각하를 경호 경비하는 근위병으로 남자 중에 남자, 사나이 중에 사나이 한 명만 8중대에서 뽑아 내!" 8중대장이 벌벌 떨면서 한명을 뽑아냈는데 바로 나였다. 대통령 각하를 경호 경비하는 근위병, 수도경비사령부요원으로 뽑힌 것이다. 다른 병사들이 엄청 부러워했다. 중학교 2학년 때 무너져 내린 자아상이 회복되는 순간이었다.

'나는 쪼다야. 학교에서 버림받은 질병에 죽어갈 놈이야. 나는 무능력한 존재야.'

이런 자아상이

'동조야, 너는 대한 남아로 손색없는 남자야. 내가 너를 흠도 티도 없는 수경사요원으로 세웠단다. 너는 이제 어디 내어놓아도 꿀릴 것 없는 대한의 남아야. 이제 너는 어깨 활짝 펴고 살아도 돼.' 라는 자아상으로 변하였다. 수경사 보충교육은 너무 힘이 들었다. 논산훈련소 6주 간 훈련은 수경사 훈련에 비하면 누워서 떡 먹는 것 같았다. 날마다 지옥 방문행 작살 파티가 열렸다. 수경사의 보충교육은 대통령 각하를 경호 경비하는 근위병으로 정신을 확 뜯어 고치는 훈련이었다. 지금 생각해 보면 내게 임한 성령님은 수경사 훈련을 통하여 나를 하나님의 나라를 세우며 지키는 멋진 군사로 강하게 빚어가고 계신 것이었다.

제대 후 성령님은 나를 신학의 길로 이끄셨다. 꼭 만나야 할 목사님, 교수님, 선후배, 동료, 장로님, 권사님, 집사님, 교우들을 붙여 주셨다.

그러나 주님을 만났을 때 나의 가정과 나의 모습은 오늘의 이런 모습이 아니었다. 초라하고 나약한 모습이었다. 꺼져가는 심지였고, 등불이었다. 눈물의 골짜기였고, 칠흑처럼 어두웠다.

나를 만나주신 예수님은 끊임없이 나를 회복시키고 계셨다. 병든 몸을 만지시고, 때를 따라 말씀으로 훈련하시고, 다양한 시련을 통해 연단하시고, 위기를 늘 기회로 바꾸어 주셨다. 시련을 통하여 기도하게 하셨고, 기도를 통해 세상을 이길 힘을 공급해 주셨고, 기도를 통해 풍성한 응답을 주셨다. 웃음을 잃어버린 우리 집은 예수님 때문에 웃을 수 있었다.

목자가 되신 예수님은 때를 따라 늘 은혜의 옷자락으로 덮어 주셨다. 악을 선으로 바꾸어 주셨고, 위기 속에서 늘 보화를 발견하게 하셨다. 예수님과 함께 사는 신앙생활이 한 해, 두 해가 거듭될수록 주님과의 관계는 더욱 깊어가고 있었다. 믿음의 그릇을 키우면서 그 그릇에 한없는 은혜와 복을 담아 주셨다.

어머니와 내가 만난 예수님은 빛이셨다.
빛이 되신 예수님의 은혜는 언제나 은혜 위에 은혜였다.
은혜 위에 은혜가 임하니 "이보다 더 큰 일을 보리라"가 현실이 되었다. 이것이 어머니와 내가 만난 복음이다.

Chapter 7

내가 만난 예수님은 빛이셨다.
그리고 그 분의 은혜는 은혜 위에 은혜였다.

chapter 7
눈부신 미래

기록된 바
하나님이 자기를 사랑하는 자들을 위하여
예비하신 모든 것은
눈으로 보지 못하고 귀로 듣지 못하고
사람의 마음으로 생각하지도 못하였다 함과 같으니라
(고전 2:9)

1990년 가을이다.

사랑의 교회가 설립(85년 12월 9일)된 지 5년의 세월이 흘렀다. 장년 교인들은 약 70명에서 80명쯤 모인 것 같다. 영암 삼호에서 구역예배를 드리고 목포로 오는 길이었다. 영산호 둑을 지나 갓바위 문화 예술회관 앞을 통과하여 제일중학교 앞 삼거리에 당도했을 때 신호등은 작동되지 않고 있었다. 좌우를 살핀 후 좌회전을 했다. 갑자기 붉은 벽돌을 가득히 싣고 직진하는 4.5톤 덤프 트럭이 좌회전하는 내 차 옆을 그대로 받았다. 차는 바나나처럼 휘면서 튕겨져 나갔다. '펑'하는 소리와 함께 나는 의식을 잃었다. 얼마나 지났을까 의식이 몽롱하게 돌아오는데 장정들이 쇠몽둥이로 내 차 문짝을 뜯고 있었다. 의식적으로 나는 오른손, 왼손, 오른발, 왼발을 차례대로 들어보려 했다. 그러나 아무 것도 움직이지 않았다. 그 순간 '아하, 손발이 다 부러졌나 보다.' 생각이 들었다. 목을 움직여 봤다. 좌측에서 피가 줄줄 흐르는데 아프지가 않았다. '참 이상하다. 이렇게 피가 흐르는데 왜 아프지도 않지?' 구토가 나기 시작했다. 먹은 음식물을 다 토해내고 있었다.

문짝을 뜯은 장정들이 나보고 나오라고 했다. "아저씨, 이상하게 손발이 안 움직여요." 내 말을 알아차린 장정들이 나를 차에서 이끌어 내어 119구급차에 태웠다. 내 몸은 죽은 낙지처럼 손발에 힘이라곤 하나도 없었다. "광주 전남대학병원으로 갈까요? 목포 한국병원으로 갈까요?" 묻는 질문에 나는 다급한 나머지 "신속히 가까운 병원으로 갑시다"라고 했다.

한국병원 응급실을 거쳐 중환자실로 옮겨진 나는 경추 2번 골절로 인한 운동신경마비로 수족을 자유롭게 움직일 수 없었고, 피부감각신경마비로 아픈 것을 느끼지 못했고, 따뜻한지 차가운지 터치 감각이 없었다.

가해자 차량의 보험유무를 알아보니 무보험차량이었다. 가해자 운전사는 면허증이 나온 지 3개월 밖에 안되었고, 건재사에 취직한 지 1개월 밖에 안 된 신출내기 운전사였다. 그의 가정형편은 결혼식도 하지 못하고 동거생활하는 아내와 아이가 하나 있었고, 셋집에서 어렵게 살고 있었다. 나의 치료비와 후유보상을 감당하기란 어려운 형편이었다.

당시의 도로교통법은 무보험차량사고 시 중상자가 발생하면 구속 수사를 원칙으로 했다. 경찰서에서는 가해자 운전사를 구속시키려고 했다. 내 안에 계신 예수님이 나에게 이렇게 물으셨다.

"너희 교회 집사가 인사 사고 내어 교도소에 있을 때, 넌 나에게 뭐라고 기도했니?"

"네, 빨리 합의보게 해 주시고 빨리 교도소에서 석방되게 해 주시라고 했습니다."

"그렇다면 너의 가해자 운전사는 구속시킬 것이냐?"

라는 질문에 나는 이렇게 대답할 수밖에 없었다.

"아닙니다. 구속 안 시키겠습니다."

병실을 찾아온 형사에게

"형사님, 가해자 운전사 구속시키고 싶지 않습니다."

"그럼, 합의서 써 주세요."

"형사님, 피해자가 가해자 찾아다니면서 합의보자고 할 수 없잖아요?"

형사가 미안해하면서 말했다.

"그러시면 구속 연기 청원서 써주십시오. 1주일씩 2번은 가능합니다."

누구에게든지 거침돌보다는 디딤돌이 되고 싶었는데 내 입장에서 생각하면 그 가해자 운전사가 거침돌이었다. 입장을 바꾸어 놓고 생각해 보니 가해자 운전사의 인생길에 내가 거침돌이 되고 있었다. 내 안에 계신 예수님은 그 형제에게 디딤돌이 되어 주고 싶어 하셨다. 과도한 합의금 때문에 가해자 운전사를 평생 고생시키는 것을 원지 않으셨다.

눈부신 미래

구속 연기 청원을 집사람을 통해서 일주일씩 두 번 써 주었다. 이 일에 대해서 교인들은 다 같은 마음은 아니었다. 어떤 교인들은 병실에 찾아와 내게 퍼붓기 시작했다.

"딱 처박아 놓아야 합의가 될 텐데 저렇게 풀어 놓았으니 합의가 제대로 되겠느냐"고 말하면서 교회를 떠나는 교인들이 있었다.

불구된 몸으로 처량하게 병상에 누워 있는 것보다 나를 더 가슴 아프게 한 것은 마치 날 죄인처럼 멀리하며 교회를 떠나가는 교인들의 모습이었다. 그 때마다 나는 복음성가로 아픈 마음을 달랬다.

똑바로 걷고 싶어요 주님
온전한 몸짓으로
똑바로 걷고 싶어요 주님
기우뚱하긴 싫어요
하지만 내 모습은 온전치 않아 세상이 보는 눈은
마치 날 죄인처럼 멀리하며 외면을 하네요
주님 이 작은 나를 통하여 어디에 쓰시려고
이렇게 초라한 모습으로 만들어 놓으셨나요
당신께 드릴 것은 사모하는 이 마음뿐
이 생명도 달라시면 십자가에 놓겠으니
허울뿐인 육신 속에 참 빛을 심게 하시고
가식뿐인 세상 속에 밀알로 썩게 하소서

이 복음성가를 통해 내 안에 계신 예수님은 나의 마음을 어루

만지며 치유해 주시고 희망을 보게 하셨다. 구속 연기 신청기간이 끝나는 날이었다. 이 날은 합의서가 들어가야 가해자가 구속을 면할 수 있는 날이다. 가해자 운전사에게서 합의를 보자는 연락이 왔다. 합의 장소에 회계 집사님을 보내면서 나는 이렇게 말했다.

"집사님, 돈을 얼마 가지고 오든지 합의해 주고 오세요."

"네, 다녀오겠습니다."

출발한 지 얼마 지나지 않아 전화가 왔다.

"목사님, 해도해도 너무하네요. 세상에 돈 700만원 갖고 합의 보러 왔네요. 이것은 한 달 병원비도 안 되는 돈입니다."

"집사님, 합의해 주고 오세요."

"목사님, 이 돈 받고 합의해 주면 병신 말 듣기 딱 알맞습니다."

"집사님, 뭔가 아직 모르고 계신 것이 있네요."

"뭔데요?"

"나 이미 병신 됐잖아요."

"목사님, 죄송합니다. 너무 마음이 아파서요."

"괜찮습니다. 제 몸은 하나님이 알아서 하실 것입니다. 모든 것 하나님께 맡기고 합의해 주고 오세요."

합의를 보고 오신 회계 집사님께서 고개를 푹 숙이고 계셨다.

"집사님, 수고하셨습니다. 너무 마음 아프게 생각하지 마세요. 제가 합의보라고 해서 본 거잖아요. 그리고 그 합의금에서 가장 먼저 십일조 떼어 하나님께 드리세요."

"여기서도 떼야 돼요?"

"그럼요. 이럴수록 복을 심어야죠."

그 후 퇴원 수속을 해달라고 회계 집사님에게 부탁했다. 공무

집행상의 사고이므로 이제 교회가 나를 책임져야 하나, 교회에 짐이 되는 목사는 죽어도 되기 싫었다.

"집사님, 퇴원 수속해 주세요."

"안됩니다. 그 몸으로 어떻게 퇴원합니까?"

"집사님, 내 몸은 내가 잘 알아요. 처음에 병원에 들어왔을 때 내 몸에 주사약이 들어갈 때면 약처럼 느껴졌는데요, 지금은 독약이 들어가는 것 같아요. 퇴원 수속해 주세요."

내 자손보험에서 감당 못하는 치료비를 합의금 받은 돈에서 지불하고 퇴원하니 삼백오십만 원이 남았다.

"주님, 삼백오십만 원은 제 몸값입니다. 이런 돈은 내가 쓸 수 없습니다. 만약 이 돈을 치료비로 사용한 후 돈 떨어지면 내 인생이 얼마나 서글프겠습니까? 내 몸이 회복이 되지 않으면 이 돈이 내 대신 주의 일을 해야 하지 않겠습니까?"

기도하는 중에 나는 이 돈을 어린이선교원 교구헌금으로 드리기로 마음먹었다. 이 돈으로 어린이선교원 교구를 구입해서 교회가 어린이선교원을 운영함으로 '어린이선교원을 통해 구원받은 아이들 중에 나 같은 목사 하나 나오면 본전치기 하겠구나'라는 마음으로 봉헌했다. 그리고 신경치료를 위해서 약 한 톨, 주사 한 방, 물리치료 한 번 받지 않았다.

당시에 나의 경제적인 환경은 어려웠다. 25일이 되면 국민카드로 현금서비스 받아 외환카드 막고, 12일에는 외환카드로 현금서비스받아 국민카드 막았다. 이 돈으로 카드 빚 갚으면 딱 맞을 돈이었다.

나의 젊음값이요, 몸값인 삼백오십만 원을 가장 가치있게 쓰고 싶었다. 삼백오십만 원을 종자돈으로 개원한 어린이선교원은 후에 어린이집으로 발전하여 19회 졸업생을 배출하였고 지금도 170명의 원아들이 20명의 교사들에게 양육받고 있다(2013년). 그리고 어린이집 출신들이 유치부, 유초등부, 중고등부, 청대부에서 영성을 이끌어가고 있다. 이들을 귀하게 쓰실 하나님의 섭리가 기대가 된다.

퇴원 후 몸상태가 더 나빠지는 것 같았다. 하루에 스테로이드제 주사를 아침, 낮, 저녁으로 두 대씩을 맞고 알약을 한 주먹씩 먹다가 모든 것을 끊으니 몸은 더 가라앉기 시작했다.

누구에게도 말은 하지 않았지만 스스로 목회가 어렵겠다는 생각이 들었다. 나는 이제 어디로 가야 하는가? 시골로 갈까? 섬으로 갈까? 섬으로 가면 나를 받아줄 교회가 있을까?

방에만 있기가 너무 답답하여 유달산 구경시켜 달라고 집사람에게 성깔을 부렸다. 이 사람 저 사람이 나를 부축하여 차에 태우고 유달산 입구에 데려다 놓았다. 두 다리로 힘차게 산을 오르는 노인들을 보면서 내 눈에서는 눈물이 흐르고 있었다.

"저 노인들은 저렇게 힘있게 산을 오르는데… 나는 이게 뭔가?"

서러움이 내 마음을 사로잡고 있을 때 내 안에 계신 예수님이 전에 무심코 읽었던 말씀을 갖고 내게 말씀하신다.

"죽고자 하면 살 것이요, 살고자 하면 죽는다."

전에 성경을 읽을 때 생각없이 읽었던 말씀이다.

대답을 못하는 나에게 더 강하게 다시 물으셨다.

"너는 죽기 위해 목회했느냐, 살기 위해 목회했느냐?"

회개의 눈물이 솟구치기 시작했다. 울면서 고백하는 말이다.

"주님, 나는 주님을 위해 죽으려고 목회하지 않았습니다. 나는 살려고 목회했습니다. 주님, 한 번만 더 기회를 주시면 이제는 내가 주님을 위해 죽으려고 목회하겠습니다."

이 날에 유달산은 나에게 지성소요, 벧엘이요, 부흥회요, 변화산이었다. 유달산 부흥회를 마치고 내려올 때는 오를 때와는 사뭇 달랐다. 주님을 위해 이제 죽으려고 마음먹으니 길이 보이고 용기가 생겼다. 그래서 죽으려고 달려드는 사람에게는 못 당한다고 했나보다.

죽으려고 마음먹으니 꿈에도 소원이 붉은 벽돌로 예배당 하나 짓는 것이었다. 왜냐하면 처음에 개척할 때 45평 무상임대하여 조립식 22평 지어 개척했고, 대지를 구입한 후 51평 예배당을 조립식으로 지었기 때문에 교회를 방문하는 사람들마다 "이 가건물 언제 지었습니까?"라고 했다. 가건물이라는 말이 제일 듣기 싫었다. 그 말을 들을 때마다 '내가 붉은 벽돌로 멋진 예배당을 꼭 지으리라'는 꿈을 꾸었다.

죽을 때 죽더라도 꼭 붉은 벽돌로 예배당 하나라도 지어 놓고 죽으려고 교인들 한 사람 한 사람을 불러 사정했다.

"죽은 사람 소원도 들러준다고 합디다. 내 소원 하나만 들어주세요."

"아따, 목사님 참 이상한 분이네요이잉."

"왜요?"

"목사님, 우리는 예배당이 중요한 것이 아니어라우. 우리는 목사님 몸이 더 중하당께요. 지금 예배당도 안 차는디 예배당 짓고 싶어 미쳐가지고 자빠져 있소."

그들의 말이 한 마디도 틀린 말은 아니었다. 어느 집사님이 나를 붙잡고 사정했다. "목사님, 우리는 목사님 건강 회복이 중요하지 예배당 건물이 중요하지 않습니다." 변명할 수 없는 합당한 말이었다. 그러나 나는 멈출 수 없었다. 일부 교인들은 교회를 떠나기도 했지만 대부분의 교인들은 건축에 힘을 합쳤다. 도저히 불가능하게 보였던 건축이 순조롭게 진행될 뿐 아니라 신경회복이 더 빠르게 진행되고 있었다. 평상시보다 신경회복이 10배나 더 빠른 속도로 진행되고 있었다. 예배당 건축을 통해 기적이 내 몸에서부터 일어났다. 이것이 사랑의교회가 목포에서 우뚝 서는 계기가 되었다. 이때부터 교회는 성장에 성장을 거듭하게 되었다. 그 때 지은 예배당이 부흥되는 교인을 수용할 수 없게 되었다.

하나님은 목포와 민족을 살릴 새로운 터전을 하당 신도시와 남악 신도시 사이 로터리에 주셨다. 1,120평 대지 위에 3,393평 건물을 2005년 11월에 완공하게 하셨다. 입당 후에 목포 시민 2퍼센트가 출석하는 교회가 되었다.

1990년 가을에 내가 당한 큰 교통사고는 나와 교회에 큰 위기였고 큰 고통이었고 큰 절망이었다. 지나고 보니 그 큰 사고는 나를 영적 지도자로 세우는 광야대학원이었고, 우리 교회를 목포 지역에서 가장 큰 교회로 세워 이 지역에 생명과 희망을 불어넣으려는 소망사건이었다. 나의 하나님은 위기를 놀라운 기회로 바꾸셨다. 벼랑 끝에서 홍해가 갈라지는 기적을 전신마비가 된 몸의 신경회복과 교회 부흥을 통해 멋지게 드러내셨다. 위기를 기회로 바꾸셨고, 교회는 계속 부흥되기를 시작했고, 지역사회에서 주목 받는 교회가 되었다. 위기와 시련이 기적의 문이 된 것이다.

내 인생에 가장 춥고 어두운 시기에 나는 예수님을 만났다. 내가 만난 예수님은 빛이셨다. 그리고 그 분의 은혜는 은혜 위에 은혜였다. 시련도 은혜였다. 사고도 은혜였다. 사람에게 받은 상처도 은혜였다. 그리스도 안에에 그리스도를 따르는 삶은 은혜 아닌 것이 없었다.

때를 따라 돕는 은혜가 계속되었고, 때에 따라 이른 비와 늦은 비의 은혜가 있었다. 이른 비가 필요하면 이른 비의 은혜를 주셨고, 늦은 비의 은혜가 필요하면 꼭 늦은 비의 은혜가 있었다. 꼭 스승이 필요할 때 스승을 만나게 하셨고, 동역자를 만나야 할 때는 꼭 동역자를 붙여 주셨다. 나는 이것을 이른 비와 늦은 비의 은혜라고 말하고 싶다. 공부해야 할 때는 공부할 수 있는 은혜를, 건물을 지어야 할 때는 꼭 지을 수 있는 은혜를 공급해 주셨다. 은혜 위에 은혜였다. 그리고 은혜의 결과는 눈부신 미래였다. 이것이 내가 눈으로 보고 손으로 만진 복음이다.

"기록된 바 하나님이 자기를 사랑하는 자들을 위하여 예비하신 모든 것은 눈으로 보지 못하고 귀로 듣지 못하고 사람의 마음으로 생각하지도 못하였다 함과 같으니라"

나를 향한 고린도전서 2장 9절의 약속이 이루어진 현장에 서 있다.

내 인생에 가장 춥고 어두운 시기에
나는 예수님을 만났다.
내가 만난 예수님은 빛이셨다.
그리고 그 분의 은혜는 은혜 위에 은혜였다.

Part4

보물 담을
그릇을 키워라

날마다 나를 죽이지 못하면 내 심령은
가시나무 숲이 되어 버리고 마는 것을 경험하게 된다.
바울이 가장 신경을 쓰고 집중했던 삶이
바로 자기를 죽이는 일이었다.
나를 죽이면 나의 내면이 행복한 궁전이 된다.

Right Faith Different Faiths

Chapter 1

연약한 믿음은 육신에 속하여 사람을 따라 사는 삶이다.
다른 말로 하면 나는 죽고 예수님을 따라 사는 삶의 지수가 낮은 것이다.

chapter 1
연약한 믿음

> 형제들아 내가 신령한 자들을 대함과 같이
> 너희에게 말할 수 없어서
> 육신에 속한 자 곧 그리스도 안에서
> 어린 아이들을 대함과 같이 하노라
> 내가 너희를 젖으로 먹이고 밥으로 아니하였노니
> 이는 너희가 감당하지 못하였음이거니와 지금도 못하리라
> 너희는 아직도 육신에 속한 자로다
> 너희 가운데 시기와 분쟁이 있으니
> 어찌 육신에 속하여 사람을 따라 행함이 아니리요
> 고전 3:1-3

"목사님, 저 다 내려놓았습니다"라고 말하는 분들이 간혹 있다. 그런데 그들의 삶을 보니 다 내려놓은 것이 아니었다. 그래서 예수님은 열매로 그들의 믿음을 알라고 하셨다.

고린도교회하면 떠오르는 이미지가 있을 것이다. 당신은 고린도교회 하면 떠오르는 이미지가 무엇인가? 나는 다양한 은사가 떠오른다. 고린도교회는 은사가 풍년을 이루는 교회였다. 그런데 그 교회를 세우신 성령님께서 그들을 보실 때 그들은 신령한 자들이 아니었나. 그들의 믿음의 수준은 어느 정도였는가? 고린도전

서 3장 1절을 보라.

"형제들아 내가 신령한 자들을 대함과 같이 너희에게 말할 수 없어서 육신에 속한 자 곧 그리스도 안에서 어린 아이들을 대함과 같이 하노라"

그들의 믿음의 수준은 어린 아이였다. 그리고 육신에 속한 자들이었다.

고린도교회가 신령하지도 않고 육신에 속한 자였고 그들의 믿음의 수준이 어린 아이 수준이라는 것을 드러내 주는 것이 무엇인가? 고린도전서 3장 3절을 보면 알 수 있다.

"너희는 아직도 육신에 속한 자로다 너희 가운데 시기와 분쟁이 있으니 어찌 육신에 속하여 사람을 따라 행함이 아니리요"

바로 시기와 분쟁이었다. 시기와 분쟁이 그렇게 문제가 되는 것일까? 사람이 사는 곳에 가장 필연적으로 나타나는 문제들이 아닌가? 이것을 보고 "신령한 자가 아니다. 믿음의 수준이 어린 아이다. 육신에 속한 자다"라고 하신다. 너무 지나친 평가가 아닌가 하는 의문이 들지만 성령님께서 이렇게 인정하는 데는 그만한 이유가 있을 것이다. 그 이유가 무엇일까? 본문 3절을 다시 한번 유심히 살펴보자. 시기와 분쟁이라는 열매를 맺게 하는 씨를 파악해 보자. 그것이 무엇인지 찾아보자.

"너희는 아직도 육신에 속한 자로다 너희 가운데 시기와 분쟁이 있으니 어찌 육신에 속하여 사람을 따라 행함이 아니리요"

시기와 분쟁이 드러날 수밖에 없는 원인이 무엇인가? "…육신에 속하여 사람을 따라 행함이 아니리요"이다.

바른 믿음이 무엇인가? 한 마디로 나는 죽고 예수님을 따라 사는 삶이다. 그런데 고린도교회는 예수님을 따라 사는 자들인가? 아니면 사람을 따라 사는 자들인가? 그들은 예수님 앞에 자기를 부인하지 않았다. 그리고 예수님을 따라 살지 않았다. 그들은 자기 생각을 따라 자기 감정을 따라 사는 자들이었다. 이렇게 살다 보니 시기와 분쟁이 자연스럽게 드러나고 있었던 것이다. 나는 죽고 예수님을 따라 살게 되면 시기 대신에 상대방에게 박수를 쳐 주었을 것이다. 분쟁 대신에 화목의 열매가 드러났을 것이다.

신령하지 못하고 육신에 속한 자이며 믿음의 수준이 어린 아이와 같은 자들이 연약한 믿음의 소유자들이다. 그러므로 연약한 믿음의 소유자들이란, 예수님 앞에 자기가 부인되는 지수가 낮은 자들이다. 나는 죽고 예수님을 따라 사는 지수가 낮은 자들이다. 이런 자들을 하나님은 연약한 믿음, 혹은 어린 아이라고 하시고, 신령하지 못한 자라고 하시고, 육신에 속한 자라고 하신다.

아브라함의 경우를 보아도 연약한 믿음이 드러난다. 하나님의 명령을 따라 하나님이 지시하신 땅에 도착했다. 그런데 흉년이 들었다. 먹고 살 것이 없어 보였다. 하나님이 가라고 하셨으니 먹고 살 것도 책임지실 거라는 사실을 믿지 못했다. 그 순간 그는 자기 생각을 따라 애굽으로 내려갔다. 그 결과 얼마나 고통스러운 나날들을 보냈는지 모른다. 또 사라의 말을 따라 하갈과 동침함으로 이스마엘을 낳았다. 연약한 믿음으로 자기 생각을 따르거나 다른 사람의 말을 따름으로 그는 많은 아픔을 겪게 된다. 많은 대가 지불을 통해서 그의 믿음이 성숙되어져 가는 것을 본다.

야곱의 경우를 보아도 그렇다. 연약한 믿음이 두드러지게 나타난다. 인간적인 방법으로 장자의 명분을 산 것이나 어머니의 말을 따라 아버지 이삭을 속이고 에서가 받을 축복을 가로채는 것을 본다. 그 결과 그는 혹독한 대가 지불을 하게 된다. 야곱은 이것 때문에 집에서 살 수 없게 된다. 귀한 집의 아들이 머슴살이를 하게 된다. 야곱은 육신의 생각으로 아버지와 에서를 속인 일 때문에 라반에게 수없이 속임을 당한다. 연약한 믿음 때문에 겪었던 자신의 삶을 야곱은 이렇게 표현한다.

"야곱이 바로에게 아뢰되 내 나그네 길의 세월이 백삼십 년이니이다 내 나이가 얼마 못 되니 우리 조상의 나그네 길의 연조에 미치지 못하나 험악한 세월을 보내었나이다 하고"(창 47:9)

나도 연약한 믿음으로 살 때가 참 많은 것 같다. "예수님이 내 인생에 주인입니다!" 라고 앵무새처럼 고백하고 외치며 찬양하면서 살았지만 현실 속에서 여전히 내가 주인일 때가 많았고, 내 생각대로 내 욕심대로 살 때가 많았음을 고백한다. 이것 때문에 후회하고 가슴 아파할 때가 참 많다. 주인되신 예수님을 따르기보다 내 생각, 내 욕심, 내 감정을 따라 말하고 행동할 때마다 얼마나 많이 주님의 가슴을 아프게 하고, 이웃의 마음을 찢어놓고, 내 자신을 고통스럽게 했는지 모른다.

이러한 삶이 반복되면서 다양한 대가 지불을 통해 육신에 속하여 사람을 따라 행했던 나를 성령님은 예수님을 따라 사는 자로 날마다 세워 가셨다. 나를 훈련하시는 성령님의 훈련 목표는 항상 내가 주인되어 나를 따라 사는 연약한 믿음에서 나는 죽고 예수님을 따라 사는 충만한 믿음으로 이끌어 가시는 것이었다.

연약한 믿음은 육신에 속하여 사람을 따라 사는 삶이다. 다른 말로 하면 나는 죽고 예수님을 따라 사는 삶의 지수가 낮은 것이다. 믿음은 말이 아니다. 믿음은 기분도 아니다. 믿음은 삶이다. 믿음은 지적인 앎만도 아니다. 정적인 확신이나 뜨거움만도 아니다. 믿음은 떠남, 주인 바꿈, 전적인 의탁, 따름, 드림, 예수님과 함께 사는 삶이 믿음의 종합세트다. 믿음이 연약하다는 것은 믿음의 종합세트 지수가 낮다는 것이다.

Chapter 2

충만한 믿음이란 아는 지식도 아니다. 감성적으로 느끼는 기분도 아니다. 뜨거움도 아니다.
정적인 확신도 아니다. 충만한 믿음이란,
한 마디로 나는 죽고 예수님을 따라 사는 지수가 높은 것이다.

chapter 2
충만한 믿음

바나바는 착한 사람이요
성령과 믿음이 충만한 사람이라
이에 큰 무리가 주께 더하여지더라
바나바가 사울을 찾으러 다소에 가서
만나매 안디옥에 데리고 와서
둘이 교회에 일 년간 모여 있어
큰 무리를 가르쳤고
제자들이 안디옥에서
비로소 그리스도인이라 일컬음을 받게 되었더라
행 11:24-26

바나바

충만한 믿음이란 어떤 믿음일까?
성경은 충만한 믿음의 사람으로 바나바를 보여주고 계신다. 사도행전 11장 24절을 통해 바나바의 충만한 믿음을 살펴보자.

"바나바는 착한 사람이요 성령과 믿음이 충만한 사람이라 이에 큰 무리가 주께 더하여지더라"

바나바는 착한 사람이다. 성령이 충만한 사람이다. 믿음이 충만한 사람이다. 이 말씀에 근거하여 공식으로 표현하면 이렇다.

착한 사람 = 성령충만한 사람 = 믿음충만한 사람

성경이 말하는 착한 사람의 기준이 무엇일까? 바로 예수 그리스도를 닮은 사람이다. 그러므로 착한 사람이라는 말을 다른 말로 하면 그리스도의 장성한 분량에 이른 사람이라는 뜻이다.

그렇다면 그리스도의 장성한 분량에 이르는 사람이 성령충만한 사람이요, 믿음이 충만한 사람이라는 뜻이 되는 것이다. 그렇다. 기분이나 정적인 뜨거움을 성령충만으로 이해하는 사람들이 있다. 그러나 그것이 성령충만이 아니다. 혹자들은 은사와 능력이 나타나면 신령하다, 혹은 성령충만한 사람이라고 하는데 성경은 그렇게 말하지 않는다. 은사가 풍년을 이룬 고린도교회 교인들의 믿음을 어떻게 평가했는가? 신령한 자들이 아니라고 했다. 믿음의 수준이 어린 아이와 같다고 했다. 성령에 속한 자가 아니라 육신에 속한 자라고 하지 않았던가?

연약한 믿음이 믿음의 종합세트 지수가 낮은 것이라면 충만한 믿음은 믿음의 종합세트 지수가 높은 것을 말한다. 믿음의 종합세트 지수가 높은 상태를 성령충만, 믿음충만이라고 성경은 말하고 있다. 이런 자들이 착한 사람이다. 즉 예수 그리스도의 형상을 닮은 사람이다.

바울

바울이 생각하는 믿음은 갈라디아서 2장 20절이다. 바울 사도는 마태복음 16장 24절에 자기 인생을 걸었다. 그리고 바른 믿음의 개념을 갈라디아서 2장 20절에 정리해 놓았다. 그러나 갈라디아서 2장 20절이 우리들에게만 주는 말씀은 아니다. 본인이 몸부림쳤던 말씀이다. 바울은 날마다 나는 죽고 예수님께서 이끄시는 대로 살려고 발버둥을 치며 몸부림을 쳤다. 이렇게 몸부림치며 살다보니 자기의 삶 속에 기쁨이 넘치고 그가 밟는 땅마다 교회가 세워졌다.

바나바와 바울이 안디옥교회에서 1년 동안 목양했는데 어떤 결과가 나타났는가? 사도행전 11장 25절과 26절을 보라.

"바나바가 사울을 찾으러 다소에 가서 만나매 안디옥에 데리고 와서 둘이 교회에 일 년간 모여 있어 큰 무리를 가르쳤고 제자들이 안디옥에서 비로소 그리스도인이라 일컬음을 받게 되었더라"

안디옥교인들이 드디어 그리스도인이라는 인정을 받게 되었다. 이 얼마나 듣고 싶은 신자의 닉네임인가? 그리스도인이라는 말의 뜻이 무엇인가? 바로 예수 그리스도를 닮은 자들이라는 뜻이다. 안디옥교인들을 보니 예수님 같았나는 것이다. 안디옥교회를 들여다보면 정말 예수님이 주인이 되는 교회 모습을 볼 수 있다. 주인되신 주님이 바나바와 바울을 따로 세워 선교사로 파송하라는 명령을 온 교회가 받아들이고 순종하는 모습이나, 다양한 인종의 사람들이 모여서 한 공동체를 이루는 모습을 보라.

안디옥교회는 우월감이 강한 유대인들과 헬라인들이 주축이 된 교회다. 복음을 전하는데 헌신하는 스데반을 돌로 쳐 죽이는데 앞장섰던 바울을 목회자로 받아들이고, 헤롯의 젖동생 마나엔을 선지자와 교사로 받아들이고, 니게르라는 시몬과 구레네 사람 루기오와 같은 흑인들을 교사와 선지자로 받아들이고 순종하고 따르는 교회가 바로 안디옥교회이다. 육신에 속하여 사람을 따라 행하는 연약한 믿음의 고린도 교회와는 얼마나 큰 대조를 이루고 있는가? 날마다 나는 죽고 예수님을 따라 살지 않으면 불가능한 일들이 안디옥 교회에서 일어난 것이다.

바나바와 바울은 나는 죽고 예수님을 따라 사는 믿음의 종합 세트 지수가 높은 사람들이었다. 이들에 의해 양육과 훈련을 받은 안디옥 교회도 그리스도인들로 세워지게 된 것이다. 즉 바나바처럼 착한 사람으로, 성령이 충만한 사람으로, 믿음이 충만한 사람으로 세워지게 된 것이다. 이처럼 충만한 믿음이란 바로 갈라디아서 2장 20절 지수가 높은 것이다. 지수가 낮으면 연약한 믿음이고 지수가 높으면 충만한 믿음인 것이다.

내 안에 계신 예수님의 음성

내 안에 계신 주님의 음성을 어떻게 분별할 수 있을까? 자칫 잘못하면 예수님을 따라 산다고 하면서 자기 감정, 자기 기분, 자기 욕심을 따라 살 수 있다.

사람 안에는 세 가지 생각이 공존하고 있다. 하나는 내 안에 계신 예수님의 생각이 있다. 그리고 내 생각이 존재한다. 또 하나는 나의 모든 것을 도둑질하려는 마귀의 생각이 있다.

세 가지 생각 중에서 주님의 음성을 어떻게 구분할 수 있는가? '마음을 다하고 성품을 다해서 주 너의 하나님을 사랑하고 네 이웃을 네 몸 같이 사랑하라'는 대계명의 렌즈에 비추어 보는 것이다. 그리고 '모든 족속을 제자 삼으라'는 대사명의 렌즈에 비추어 보는 것이다. 여기에 부합하는 것이 주인되신 예수님의 생각이다. 예수님의 생각은 대계명과 대사명의 렌즈를 벗어나서 우리에게 명령하지 않으신다. 대계명과 대사명의 렌즈에 비추어 보아서 구분이 안 되는 것이 있다면 언제나 좁은 문을 선택하라. 마귀는 언제나 넓은 문과 넓은 길로 가라고 할 것이다. 쉬운 길로 가라고 할 것이다.

결론

믿음의 종합세트는 떠남, 주인 바꿈, 전적인 의탁, 따름, 드림, 예수님 안에 거함, 예수님과 함께 사는 삶이다. 믿음의 종합세트를 한 절로 가장 잘 표현된 성경은 마태복음 16장 24절이다. 그리고 갈라디아서 2장 20절이다. 충만한 믿음이란 이 지수가 높은 믿음이다. 충만한 믿음이란 아는 지식도 아니다. 감성적으로 느끼는 기분도 아니다. 뜨거움도 아니다. 정적인 확신도 아니다. 충만한 믿음이란, 한 마디로 나는 죽고 예수님을 따라 사는 지수가 높은 것이다.

바울과 바나바처럼 날마다 나를 죽이고 예수님을 따라 사는 데 성공하면 충만한 믿음이다. 이 믿음으로 살면 복음 안에 행복을 누리게 된다. 그리고 복음 안에 눈부신 미래를 경험하게 된다. "…나를 믿는 자는 내가 하는 일을 그도 할 것이요 또한 그보다 큰 일도 하리니…"라는 요한복음 14장 12절 말씀이 오늘이 되고 내일이 될 것이다.

바나바와 바울을 보라. 그들은 복음 안에서 얼마나 행복했는가? 히브리서 11장 36절부터 38절 말씀같이 환난 속에서도 그들은 행복했다. 그리고 세상이 그들을 당해낼 수 없었다. 그들은 낙원으로 이민을 갔지만 지금도 성경을 통해서 말하고 있는 멋진 믿음의 사람들이다.

나를 죽일수록 예수님이 드러날 것이다. 예수님을 따를수록 눈부신 믿음의 역사는 만들어질 것이다.

연약한 믿음이 믿음의 종합세트 지수가 낮은 것이라면
충만한 믿음은 믿음의 종합세트 지수가 높은 것을 말한다

Chapter 3

예수님을 만난 그리스도인들은 만남의 행복을 그리워할 것이 아니라
동행의 행복을 누려야 한다.

chapter 3

예수님과 함께 사는 삶을 즐겨라

그러므로 우리가 믿음으로 의롭다 하심을 받았으니
우리 주 예수 그리스도로 말미암아
하나님과 화평을 누리자
또한 그로 말미암아 우리가 믿음으로 서 있는
이 은혜에 들어감을 얻었으며
하나님의 영광을 바라고 즐거워하느니라
롬 5:1-2

바른 믿음으로 누리는 보물이 은혜 위에 은혜이며 눈부신 미래라고 하는데 왜 나는 은혜 위에 은혜를 경험하지 못할까? 눈부신 미래가 아니라 언제나 지루한 나날일까? 승리라고 했는데 왜 나는 늘 실패할까? 능력이고 영향력이라는데 왜 나에게는 그런 영향력과 능력이 드러나지 않는 것일까? 인격도 믿을 때나 지금이나 별반 다른 것이 없다. 왜 그럴까? 바른 믿음 안에 행복이 있다는데 나는 왜 행복하지 못할까? 그 이유가 무엇일까?

유치장이기 때문이다

　내가 초등학교에 다닐 때 내가 사는 시골동네에 전기가 들어왔다. 주변에 여러 마을들이 있었는데 마을 주민들이 전기 가설을 하는데 모두 다 동의를 해주어야 전기가설을 빨리 해 준다고 했다. 그런데 우리 동네는 구두쇠 할아버지 한 분이 계셨다. 그 분이 전기요금이 많이 나온다고 자기 집에는 전기 가설을 않겠다고 하니 그 할아버지를 따라 설치하지 않겠다는 집들이 하나 둘씩 늘어갔다. 당시에 마을 이장님이 날마다 찾아가서 할아버지에게 사정을 했다. 아무리 사정해도 전기요금이 많이 나온다고 가설을 않겠다고 했다. 한전 직원들이 한숨만 쉬고 있는 이장님께 비책을 일러주었다. "전기를 지금 가설하지 않고 나중에 가설하려고 하면 마을에 들어온 전봇대 값을 다 내야 한다"고 말하라고 했다. 이장님이 이 이야기를 할아버지에게 했다. 할아버지는 며칠을 고민하다가 답을 찾았다. '아하, 가설할 때 전기를 설치해 놓고 안 쓰면 되겠구나!'라고 생각하고 전기가설을 하게 되었다. 전기설치가 끝나고 전구 하나씩 집집마다 달아주었다. 마을 주민들이 전등불을 켜 놓고 저녁에도 밝은 낮과 같은 세상을 누렸다. 전기가 주는 해택이 얼마나 무궁무진한가? 그런데 할아버지는 온 식구들에게 말했다. "전기요금이 많이 나오니까 우리 가족들은 절대로 전기를 쓰면 안 된다. 만약에 전기 스위치에 손을 대는 자는 손목을 잘라 버리겠다"는 엄중한 명령을 내렸다. 전기가 들어온 집에서는 모두 밝은 전깃불의 해택을 누리고 사는데 할아버지 집만은 호롱불을 켜고 어둡게 살고 있었다. 그리고 한 달이 지났다. 전기요금을 내라는 통지서가 날라 왔다. '안 쓴 전기요금을 왜 내?' 하면서 전기요금을 내지 않았다. 전기를 사용하지 않아도 기본료를 내야한다는 것을 모른 것이다. 6개월을 버틴 것이다. 6개월 후에 전기가설을 끊겠다고 한전에서 왔다. 전기요금을 내지 않았기 때문에 전기가설을 거두어 가겠다는 것이다. 할 수 없이 할아버지는 전기도 안 쓰고 기본료 6개월분을 냈다. 얼마나 가슴이 쓰리고 아팠든지 원통하고 분해서 며칠 동안 잠을 이루지 못하였다.

꼭 이런 할아버지와 같은 스타일로 예수님을 믿는 사람들이 있다. 예수님을 영접함으로 예수님이 자기 안에 분명히 계신다. 그런데 자기 안에 계신 예수님을 누리지 못하고 산다. 빛 되신 예수님 때문에 밝아지거나 기쁨의 근원이 되신 예수님 때문에 행복한 삶을 살지 못한다. 그 이유가 어디에 있을까? 그 사람은 예수님을 가두어 놓은 유치장과 같기 때문이다. 자기 안에 오신 예수님이 운전대를 잡고 운전하는 것도 허용하지 않는다. 예수님의 사랑의 간섭도 거부한다. 예수님이 주인도 아니요, 왕도 아니다. 예수님의 행복의 프로그램에 자기 자신을 온전히 의탁하지 않는다. 예수님은 그저 힘들고 어려울 때 도와주는 헬퍼(Helper)일 뿐이다. 예수님과의 관계가 이런 상태에 있다면 예수님도 괴롭고 본인도 괴롭다. 예수님도 힘들고 자신도 힘들다. 그리고 주님의 일하심을 누릴 수 없다. 함께 사는 것이 부담스러울 뿐이다. 혹시 여러분이 전기를 가설해 놓고 전기의 혜택을 전혀 누리지 못하고 전기세만 내는 억울한 인생을 사는 할아버지와 같지는 않은가? 예수님을 모셔놓고 예수님을 꼼짝 못하시도록 가두어 놓는 유치장은 아닌가?

왜 나의 내면은 가시나무 숲 같을까?

'시인과 촌장'이라는 닉네임을 가지고 활동했던 작곡가 하덕규 목사님이 '가시나무'라는 노래를 만들었다. 나는 그 노래를 찬송만큼 좋아한다. '당신'이라는 단어를 '주님'으로 바꾸어 부르면서 거의 한 달 동안 운 적이 있다.

> 내 속에 내가 너무도 많아 주님의 쉴 곳 없네
> 내 속에 헛된 바램들로 주님의 편할 것 없네
> 내 속에 내가 어쩔 수 없는 어두움
> 주님의 쉴 자리를 뺏고
> 내 속에 내가 이길 수 없는 슬픔
> 무성한 가시나무 숲 같네
> 바람만 불면
> 그 메마른 가지 서로 부대끼며 울어대고
> 쉴 곳을 찾아 지쳐 날아온 어린 새들도
> 가시에 찔려 날아가고
> 바람만 불면 외롭고 또 괴로워
> 슬픈 노래를 부르는 날이 많았는데
> 내 속에 내가 너무도 많아서 주님의 쉴 곳 없네

자기도 모르는 사이에 내면이 자기로 가득 차 있고, 헛된 욕망으로 가득 차 있고, 어둡고 슬픈 쓴 뿌리들로 가시나무 숲이 되어 있다. 이렇게 된 원인이 어디에 있다고 생각하는가? 고린도전서

15장 31절에서 그 원인을 찾을 수 있다. 주의 깊게 읽어보라.

"형제들아 내가 그리스도 예수 우리 주 안에서 가진 바 너희에 대한 나의 자랑을 두고 단언하노니 나는 날마다 죽노라"

그렇다. 날마다 나를 죽이지 못하면 내 심령은 가시나무 숲이 되어 버리고 만다. 바울이 가장 신경을 쓰고 집중했던 삶이 바로 자기를 죽이는 일이었다. 나를 죽이면 나의 내면이 행복한 궁전이 된다. 나를 죽이는 삶에 실패하면 대부분의 사람들은 예수님을 만난 첫사랑만을 그리워하며 산다.

왜 첫사랑만 생각날까?

대부분의 신자들은 예수님과의 첫사랑을 회복하게 해 달라고 기도한다. 그런데 아무리 기도해도 예수님을 만난 첫사랑의 기쁨은 다시 오지 않는다. 그 이유가 무엇일까? 첫사랑은 신부가 신랑을 만나는 순간의 행복이며, 죄인이 구주를 만나는 순간의 행복이다. 만남의 행복 즉 신혼의 행복이다. 그러기에 이런 첫 사랑의 행복, 신혼의 행복은 다시 오지 않는 것이다.

예수님을 만난 그리스도인들이 그리워하고 사모해야 할 행복은 만남의 행복이 아니라 동행하는 행복이다. 예수님과 함께 사는 행복이다. 데살로니가전서 5장 10절을 보라. 예수님이 십자가에서 죽으신 이유가 어디 있는가?

> "예수께서 우리를 위하여 죽으사 우리로 하여금 깨어 있든지 자든지 자기와 함께 살게 하려 하셨느니라"

예수님께서 이 땅에 육신을 입고 오신 이유도 임마누엘하기 위함이요, 죽으신 이유도 깨어 있든지 자든지 함께 살기 위함이었다. 그러므로 예수님을 만난 그리스도인들은 만남의 행복을 그리워할 것이 아니라 동행의 행복을 누려야 한다. 함께 사는 즐거움을 누려야 한다. 함께 사는 행복을 누리지 못하니까 자꾸 과거의 만남인 첫 사랑만을 그리워하는 것이다. 당신은 어떠한가?

부부가 함께 있는 것이 서로 부담스러운 분들이 있다. 이런 부부들은 함께 사는 즐거움이 없다. 부부가 함께 있는 것이 편한 분들이 있다. 이런 부부들은 부부가 함께 사는 것이 행복하다. 예수님과의 관계도 그렇다. 예수님과 함께 사는 것이 부담스럽다면 신앙생활이 즐겁지 않을 것이다. 이런 분들은 예배 끝나고 가면서 이렇게 기도한다.

"예수님, 안녕히 계셔요. 다음 주에 또 오겠습니다."
"나는 너와 함께 살고 싶은데 내가 따라가면 안 되겠니?"
"예수님, 그냥 성전에 계셔요. 다음 주에 또 오겠습니다. 절대 따라 오시면 안 됩니다. 아셨죠?"

예수님과 함께 사는 것이 늘 부담이 되는 사람들이다. 가정생활하기도 불편할 것 같고, 직장생활하기도 늘 불편할 것 같기 때문이다. 사실은 내가 그러했었다.

이런 생각을 가지고 있는 나를 그 분은 혼자 두지 않으셨다. 함께 계시지 않는 것처럼 얼굴을 숨기시고 나와 함께 내 안에서 나를 바라보고 계셨다. 내가 그분을 바라보지 않아도 예수님은 내 안에서 나를 바라보고 계셨다. 혹시 내가 진실하지 못할 때도 예수님을 부인하고 저주한 베드로를 바라보았던 따뜻한 시선으로 나를 바라보고 계셨다. 내가 합당하지 못한 감정에 사로잡혀 있을 때도 즉시 책망하거나 꾸짖지 않으셨다. 온유하고 겸손한 마음으로 나를 헤아려 주시고, 스스로 뉘우치고 깨닫고 돌아설 때까지 지켜봐 주셨다. 내가 절박한 순간에 내 안에 계신 그분을 바라보기보다 사람을 찾아갈 때도 기분 상해하지 않으셨다. 자신을 바라볼 때까지 기다려 주고 계셨다. 예수님처럼 속이 깊으시고 이해심이 좋은 분은 세상에 없었다.

내가 경험한 예수님은 따뜻한 엄마와 같았다. 이 세상에 그렇게 따뜻한 엄마는 없을 것이다. 그리고 예수님은 친구와 같았다. 그렇게 내 마음을 알아주는 친구가 또 있을까? 이 세상에 예수님 같은 친구는 없었다. 함석헌 선생의 시처럼 탔던 배 가라앉을 때 "너만은 살아다오"라고 말할 친구는 세상에 없었다. 그리고 세상 떠나는 날 처자를 맡길 만한 친구는 이 세상에 없었다. 그런데 내가 만난 예수님은 그런 친구이셨다.

예수 내 친구 날 버리지 않네
온 천지는 변해도 날 버리지 않네

찬송가 가사처럼 내가 그 분을 멀리해도 그 분은 나를 떠나지 않으셨다. 내가 그 분을 거들떠 보지 않아도 그 분은 여전히 그 자리에서 나를 지켜보고 계셨다. 세상에 예수님 같이 좋은 친구는 없었다.

이 세상에 모든 사람들은 이해타산에 따라 영향을 받는다. 자기가 낳은 자식이라도 짐이 되거나 힘들게 하면 인상이 달라진다. "그대 없으면 난 못산다"고 "결혼해 달라"고 목매달고 따라다녀서 얻은 배우자라도 계속해서 짐이 되거나 부담스럽게 되면 싫은 정이 든다. 그런데 예수님은 그렇지 않으셨다.

이 세상에서 가장 순수하신 분은 예수님뿐이셨다. 세상에 사는 사람이 아무리 순수하다고 한들 예수님보다 더 순수한 사람이 있을까? 없을 것이다. 세상에 모든 사람들은 이(利)에 따라 사람을 상대하지만 예수님은 이(利)에 따라 나를 대하지 않으셨다. 오히려 예수님은 나의 이(利)를 언제나 먼저 생각하셨다.

이 세상 사람들은 가까이하면 할수록 바닥이 드러나지만 예수님은 가까이할수록 깊고 오묘했었다. 예수님과 함께 살면 살수록 예수님의 인격의 깊이와 넓이에 감격하게 되었다.

이 세상의 모든 사람들은 온유하고 겸손한 사람을 좋아한다. 그런데 내가 만난 분들 중에 예수님보다 더 겸손하고 온유한 사람은 없었다. 온유하고 겸손하기에 내가 불편하지 않았다. 그 분은 언제나 내 눈높이에 맞추어 주셨다. 그 분은 온유하고 겸손하기에 가까이하면 할수록 포근함을 느꼈다.

왕이신 예수님은 세상에서 가장 좋은 왕이셨다. 세상의 모든 왕들은 얼굴 한 번 보기 어렵다. 말을 건네기도 힘들다. 그런데 예수님은 언제든지 독대가 가능하다. 나와 단 둘이만 있기를 좋아하셨다. 세상에 이런 왕이 또 어디 있겠는가?

빛이 되신 예수님은 나를 밝게 만들어 주셨다. 내가 그 분을 가까이하면 할수록 내가 빛났다. 내가 그 분을 멀리하면 할수록 나는 어두워졌다.

기쁨이 되신 예수님은 내게도 기쁨을 주셨다. 그 분에게는 슬픔이란 없었다. 그러므로 예수님을 가까이 할 때마다 나는 기쁨이 넘쳤다. 그러나 멀리하면 할수록 기쁨의 지수가 낮아졌다.

예수님은 생명의 길, 행복의 길, 눈부신 미래를 여는 길이 되신다. 길이 되신 예수님을 따를 때마다 시간을 허비하지 않았고 돈도 허비되지 않았다. 그리고 행복했고 보람되었다. 그리고 눈부신 미래를 누릴 수 있었다.

예수님은 사람들처럼 짜증나게 하지 않으신다. 그리고 괴롭히지도 않으신다. 내가 경험한 예수님처럼 편한 분은 이 세상에 없었다.

바른 믿음 안에 보물들을 누리기 원한다면 예수님을 바라보라. 늘 그 분과 교제하라. 그 분과 친해져라. 예수님과 함께 사는 삶을 즐겨라. 그 분과 함께 사는 것이 즐거우면 즐거울수록 당신의 인생은 행복해질 것이다. 그리고 눈부신 미래를 누리게 될 것이다. 한 걸음 더 나아가 당신의 인생은 승리와 영향력으로 가득 채워질 것이다.

> 그 뿐 아니라 이제 우리로 화목하게 하신
> 우리 주 예수 그리스도로 말미암아
> 하나님 안에서 또한 즐거워하느니라
> 롬 5:11